Pia von Keutz

Appalachian Trail

Zu Hause unter Bäumen

360° medien

IMPRESSUM
Appalachian Trail – Zu Hause unter Bäumen
Pia von Keutz

Bibliografische Information der Deutschen Bibliothek
Die Deutsche Bibliothek verzeichnet diese Publikation in der deutschen Nationalbibliografie.
Detaillierte bibliografische Daten sind im Internet über www.dnb.de abrufbar.

Redaktion und Lektorat: Christine Walter

Satz und Layout: Elke Gräfe, Lucas Walter

Gedruckt und gebunden:
LD Medienhaus | Hansaring 118 | 48268 Greven | ld-medienhaus.de

Bildnachweis: Alle Bilder von Pia von Keutz, außer: Seite 5: Karten – Mapcreator.io, OSM.org, ©DLR, ©Airbus Defense and Space, ©Copernicus, Seite 53: Laurie Potteiger (zur Verfügung gestellt von der Appalachian Trail Conservancy ATC); Seite 69: Chris Milla

ISBN: 978-3-947944-17-0
Hergestellt in Deutschland

360grad-medien.de

Pia von Keutz

Appalachian Trail

Zu Hause unter Bäumen

360° medien

Inhaltsverzeichnis

KANADA
Québec
Mount Katahdin
OTTAWA
MAINE
VERMONT
Augusta
Burlington
Toronto
NEW HAMPSHIRE
Concord
Lansing
Buffalo
Albany
NEW YORK
MASSACHUSETTS
Detroit
Appalachian Trail
RHODE ISLAND
Cleveland
PENNSYLVANIA
CONNECTICUT
New York
Harrisburg
OHIO
USA
NEW JERSEY
Cincinnati
MARYLAND
WEST VIRGINIA
DELAWARE
Charleston
KENTUCKY
VIRGINIA
Norfolk
TENNESSEE
Raleigh
Knoxville
NORTH CAROLINA
Springer Mountain
SOUTH CAROLINA
Wilmington
Atlanta
GEORGIA
Savannah
Tallahassee
Jacksonville
FLORIDA
Orlando
0
300 km

Ein Buch über eine Wanderung.
Oder vielleicht mehrere.
Über Berge und Waldwege.
Seen und Flüsse. Wolken und Sonne.
Über Gedanken und Erinnerungen.
Über Emotionen und Sehnsucht.
Über Freundlichkeit und Einsamkeit und Freiheit.
Über einen Weg der die Schönheit unserer Welt
lebendig macht.

Pia von Keutz

Lieblingszimmer

Vorwort

Der Trail war mein Zuhause. Ein Ort, an dem ich komplett ich sein kann. Weil das die einzige Rolle ist, in der ich gut bin. Es war ein Ort voller Emotionen, angenehme und unangenehme, aber immer ehrlich. Und immer okay. Der Trail urteilte nie über meine Gefühle. Er ging einfach weiter. Forderte mich heraus. Ließ mich wachsen. Sorgte sich um mich. Gab mir ein Gefühl der Verbundenheit. Zu anderen Menschen. Zur Natur. Vielleicht sogar zu etwas Größerem. Zu mir selbst. Er erwartete nichts von mir, außer dass ich mein Bestes versuchte. Dass ich den Mut hatte, ich zu sein. Aber es war ihm egal, wer dieses ich war. Ich fühlte mich bei ihm immer sicher. Ich fühlte manchmal Angst, ich fühlte Wut, Traurigkeit, Erschöpfung. Doch tief im Innern fühlte ich Sicherheit und Glück. Ich fühlte Frieden. Ich fühlte mich geliebt. Ich fühlte mich zu Hause unter den Bäumen. Und ich sehnte mich danach wieder zu Hause zu sein.

Pia von Keutz

Springer MT. 2018

Der Appalachian Trail, kurz AT, ist der längste Fernwanderweg, der nur zu Fuß erlebt werden kann. Fertig gestellt im Jahre 1937, führt er durch 14 Staaten an der Ostküste der USA. Zwischen dem südlichen Startpunkt, dem Springer Mountain in Georgia und dem nördlichen Endpunkt am Mount Katahdin liegen etwa 2190 Meilen (gut 3500 Kilometer) und einige Höhenmeter. Genauer gesagt 84 Marathons, in denen man 16-mal den Mount Everest hoch und runter läuft.

Ich startete im Mai 2018 am Springer Mountain. Zu der Zeit ging ich auf ein kleines College in Missouri und ich hatte Summer Break. Ich wollte noch mehr Staaten erkunden und ich wanderte gerne, also entschied ich, dass ich dieses A.-T.-Ding mal für eine Zeit versuchen sollte. Mit Bus und Mitfahrservice machte ich mich auf den Weg von Columbia in Missouri nach Springer Mountain in Georgia. Nur mit der Hilfe meiner Füße, ging es dann auf den Weg von Springer Mountain nach Daleville in Virginia. Damit war ich ein Drittel des gesamten Appalachian Trails gelaufen, aber noch nicht mal halb durch die 542 Trail-Meilen (868 Kilometer) von Virginia gekommen. Also ein guter Punkt um dem AT auf Wiedersehen zu sagen und weiter nach Colorado zu reisen. Wie gesagt, ich wollte unterschiedliche Staaten erleben und für Wochen nur durch Virginia zu laufen, klang nicht, als würde es diesen Zweck erfüllen. Ich verließ hier zwar den Appalachian Trail, aber schon damals wusste ich, dass ich eines Tages wieder zurückkommen würde, um die restlichen zwei Drittel zu sehen.

Und hier war ich … Vier Jahre später. Ich startete in Harpers Ferry, ein kleiner, touristischer Ort im Zipfel von West Virginia. Erreichbar mit dem Zug von Washington, D. C., wo mein Flugzeug von Frankfurt am Main gelandet war. Ich zog die Erreichbarkeit mit öffentlichen Verkehrsmitteln dem vor, genau dort zu starten, wo ich das letzte Mal aufgehört hatte. Die knapp 500 Kilometer Lücke, die dadurch entstanden war, konnte ich später immer noch schließen. Falls ich mich danach fühlte. Falls ich Zeit hatte. Falls sich die Möglichkeit ergab. Zunächst einmal würde ich nach Norden gehen, bis ich Katahdin erreichte oder bis mein dreimonatiges Visa abgelaufen war oder bis es aufhörte, Spaß zu machen. Weil ein Ziel keinen Wert hat, wenn der Weg dahin nicht auch ein Ziel in sich selbst ist. Wie mein Laufcoach gerne sagte: Vertraue dem Prozess, genieße den Prozess, und deine Ergebnisse folgen dem Einsatz deines Herzens.

Harpers Ferry schien an diesem Montagabend im Juni verlassen, verregnet und neblig, aber gleichzeitig warm und schwül. Ich überquert die Brücke über den Potomac River und überquerte damit gleichzeitig schon die Grenze nach Maryland. Dann folgte ich dem Weg flussabwärts für etwa fünf Kilometer. Der breite Schotterweg war komplett flach! Ich fragte mich, ob ich wirklich auf dem richtigen Weg war. Ich konnte mich nicht erinnern, dass der AT weiter südlich jemals für ein so langes Stück so flach gewesen war. Der Nieselregen konnte das Lächeln nicht von meinem Gesicht waschen. Ich war zurück, zurück zu Hause. Wo ich niemand anderer sein musste als ich selbst. Der Trail erwartete weder etwas von mir, noch bewertete er mich oder mochte, das ich in irgendeine Schublade passte. Er war einverstanden damit, dass ich immer noch dieser Samen war, der umherschwirrte, weil er noch nicht den richtigen Platz zum Wurzeln schlagen gefunden hat, ihn vielleicht auch noch gar nicht finden wollte.

Der Weg machte einen scharfen Knick nach links in den Wald und begann, jetzt in AT-Manier, auf einem engen, verschlungenen, matschigen und steinigem Pfad steil bergan zu führen. Es wurde langsam dunkel zwischen den Bäumen von Maryland. Ein Ast knackte zu meiner Rechten, ein aufgescheuchtes Reh sprang davon. Ich erreichte das Edward B. Garvey Shelter, das erste Shelter in Maryland für meine erste Nacht auf dem Trail. Zu meiner Verwunderung fand ich es leer vor, obwohl es ziemlich schick war. Es hatte eine zweite Schlafebene, zu der eine Treppe hinaufführte und die sogar mit einer Tür versehen war. Es gab außerdem eine Metallbox, um Essen vor Bären zu schützen.

Jedes dieser 262 Shelter entlang des Appalachian Trails ist einzigartig. Nicht, dass ich sie alle gesehen hätte, und schon gar nicht dass ich in allen übernachtet hätte! Ein Shelter oder auch Lean-to ist eine rudimentäre, dreiseitig geschlossene Baustruktur im Backcountry. Die meisten sind aus Holz, aber einige haben auch Wände aus Stein. Meist sind es einstöckige Bauten mit einem erhöhten Boden, um ungebetene Gäste herauszuhalten. Einige luxuriöse Varianten haben sogar zwei Böden. Die meisten liegen nah einer Wasserquelle, haben ein Plumpsklo, ein sogenanntes Privy, in unmittelbarer Nähe. Wanderer kommen hier in der Regel in den Genuss einer Feuerstelle, einer irgendwie gearteten Sitzgelegenheit und vieler Haken, um Sachen zu trocknen und auszulüften. An Regentagen sind sie ein besonderer Segen, gerade wenn das überhängende Dach auch die

Brücke über den Potomac nach Maryland

Picknickbank überdeckt. Manche dieser Schutzbauten sind trailweit bekannt. Das Fontana Dam Shelter am Fontana Lake in North Carolina zum Beispiel. Unter den Wanderern wird es Fontana Hilton genannt. Es hat nicht nur eine tolle Lage am Stausee, sondern verfügt über zusätzliche Bequemlichkeiten: fließendes Trinkwasser, Handyempfang und eine Draußen-Dusche. Das Overmountain Shelter, auch in North Carolina, ist eine weitere Berühmtheit. Hier verbrachte ich eine Nacht nach einem kompletten Tag Matschrutschen. Die alte Scheune ist komplett rot angemalt und riesig. Genau richtig für eine große Menge, nasser und schmutziger Wanderer. Das Partnership Shelter in Virginia ist bekannt für seine Outdoor-Dusche und das erste Shelter, zu dem man Pizza liefern lassen kann. In North Carolina genoss ich traumhafte Sonnenaufgänge aus dem Icewater Spring Shelter und vom Geheimen Feuerturm in den Smokey Mountains. Weiter auf dem Weg erlebte ich noch das Secret Shelter in New Jersey, das Brian Ridge Shelter in Virginia und viele andere, die vielleicht nicht immer berühmt sind, aber für mich persönlich bedeutsam waren.

Das Partnership Shelter, 2018. rechts in Schwarz mit Salzrändern sitzt Salty.

Tanz auf dem Gipfel – Freudentaumel
Wellen lauschen – Seelenbaumel
Musik des Waldes – Vogelgesang
Barfußlaufen – Freiheitsdrang
Sonne durch Wolken – Hoffnungsschimmer
Zelt unter Bäumen – Lieblingszimmer
Adler zieht Kreise – Augenweide
Stille und ich – Nur wir beide
Schwaden von Nebel – Traumfabrik
Alles, was zählt – Augenblick

Ich schlief in dieser ersten Nacht famos. Als ich aufwachte, war ich voller Vorfreude zu wandern. Maryland war sanft. Die Aufstiege nicht zu steil und nicht zu lang. Der Wald war wunderschön und verströmte einen herrlichen Duft. Die Vögel sangen inbrünstig. Der Wind pfiff durch die Baumwipfel, schüttelte die Blätter von Buche, Ahorn und Eiche und zwang so die schwächsten Äste und Zweige loszulassen. Sie fielen herab, als ob sie daran erinnern wollten, dass es dort hoch oben rau zugeht. Doch hier unten waren die Jungbäume, die Blüten des Berglorbeers und ich geschützt vor der Kraft des Windes. Der Untergrund war ein Teppich aus vertrockneten Blättern gespickt mit einigen moosigen Steinen. Dort wo ein einziger kräftiger Sonnenstrahl bis zum Boden durchdrang, wuchs saftiger grüner Farn. Die Jungbäume warteten geduldig, bis ein großer Baum fiel und eine Lücke im Kronendach hinterließ. Dann ging das Rennen los. Sie wuchsen um ihr Leben, um die Lücke als erste zu füllen, um mit ihren Blättern die besten Sonnenplätze zu besetzen. Doch bis dahin blieben sie klein, sparten ihre Energie für ihren großen Moment.

Am Ende des Tages erreichte ich, zusammen mit anderen Wanderern, das Ensign Cowall Shelter. Als kurz darauf heftiger Regen einsetzte, entschied ich mich für eine weitere Nacht unter dem Holzdach, anstatt mein Zelt aufzustellen.

Mehr als 4000 Menschen pro Jahr starten den Appalachian Trail mit der Absicht eines sogenannten Thru-hike, also die Bewanderung aller Kilometer des Trails innerhalb eines Jahres. Nach dieser Definition bin ich kein Thru-hiker, sondern ein Section-hiker, der über mehrere Jahre, vielleicht sogar Jahrzehnte, einzelne Teile des Trails zusammenpuzzelt. Außerdem falle ich in die Kategorie des Flip-Floppers. Das ist ein Wanderer, der einen Teil des Trails NoBo (North Bound), also Richtung Norden (Katahdin, Maine) und einen anderen Teil SoBo (South Bound, Richtung Süden, Springer Mountain,

Der erste Morgen unter Bäumen

Georgia) läuft. Genauer gesagt bin ich ein Drei-Teilstrecken-Flip-Flop-Wanderer. Tatsächlich sind mir diese Definitionen und Kategorien aber völlig egal. Für mich ist jeder, der den kompletten Trail bewandert hat ein Thru-hiker, selbst noch wenn sie oder er zwischendurch hier und da Meilen ausgelassen hat. Die Puristen würden mich für diese laxe Bezeichnungsweise wahrscheinlich verachten. Puristen überqueren sogar eine Straße nochmals zu Fuß, wenn sie auf der einen Straßenseite in die Stadt getrampt und danach auf der anderen Straßenseite wieder abgesetzt wurden. Jedem das Seine ... Ich finde, dass jeder für sich seine eigene Definition festlegen darf, was es für ihn bedeutet, den Trail als Thru-hiker zu beenden. Bleibt man aber bei der offiziellen „Ein-Jahr-alle-Meilen“-Definition, so kommt nur jeder vierte Wanderer, der startet, auch bis zum Ende.

Ein gewisser Earl Shaffer war 1948 der erste Mensch, dem dies gelang. Er benötigte 124 Tage. Die erste weibliche Thru-hikerin war Mildred Norman Ryder im Jahr 1952. Heute sind mehr als ein Viertel der Wanderer Frauen, Tendenz steigend. Die durchschnittliche Wanderzeit beträgt fünf Monate. Der Geschwindigkeitsrekord liegt bei knapp über 40 Tagen. Eine beeindruckende Leistung, man darf aber nicht übersehen, dass die Jagd nach Trailrunning-Rekorden wenig mit einem Thru-hike gemein hat. Ein Rekordjäger wird von einem ganzen Team unterstützt. Dieses Team folgt ihm oder ihr mit einem Fahrzeug und trifft den Läufer in regelmäßigen Abständen dort, wo der Trail eine Straße quert. Dadurch muss der Läufer weder sein Haus noch seine gesamte Verpflegung auf dem Rücken tragen.

Daran erkennt man übrigens einen Thru-hiker: großer, voller Rucksack, oft übervoll, gerade am Start. Ein Paar nasse Socken baumeln zum Trocknen daran. Ich selbst trug einen 30-Liter-Rucksack, in den alle meine Sachen passten, außer mein Zelt. Dieses befestigte ich an der Außenseite. Mein Rucksack war wohl verhältnismäßig klein, was aber nicht heißt, dass ich besonders leichtgewichtig unterwegs war. Gewogen habe ich ihn nie. Was hätte es mir geholfen. Die Sachen, die ich dabei hatte, brauchte ich und damit Punkt. Und viel Geld für nur die beste und leichteste Ausrüstung hatte ich auch nicht investieren wollen. Ich liebe mein Zwei-Personen-Zelt, ich habe immer noch meinen Kinderschlafsack und ich hatte ein zweites Set Wanderkleidung mit. Ich sparte nicht an allen Enden mit dem Gewicht. Manche Wanderer gehen soweit, den Griff ihrer Zahnbürste zu halbieren, um ein paar Gramm weniger tragen zu müssen. Ich trug sogar ein Buch und mein Tagebuch mit mir herum, meine Luxusartikel. Essen hatte ich immer für etwa eine gute Woche dabei. Die ersten Tage nach dem Wiederauffüllen der Vorräte fühlte sich der Rucksack oft schwer an, aber jeden Tag wurde er wieder etwas leichter.

Hier ist meine komplette Packliste:

Rucksack: Ich habe einen 30-Liter-Rucksack und hier passt alles rein, außer mein Zelt, das ich außen befestige. Besorge dir auf jeden Fall einen, der wirklich passt. Man verbringt nicht viel Zeit ohne ihn auf dem Rücken.
Zelt: Auch mit Narben und kleinen Schwächen, bin ich immer stolz, es zu teilen! Und ich fühle mich immer sicher.
Schlafsack: Vielleicht war es der letzte große Trip für meinen Kinderschlafsack.
Liner: Der Stoff fühlt sich warm auf der Haut an. Ich nutze ihn mal im Schlafsack, mal in einer Pause als Decke, mal als Kissen, wenn die Nacht warm ist.
Isomatte: Da habe ich dieses Mal einiges investiert und war super zufrieden. Nicht einmal lag ich morgens auf der kalten Erde. Sie ist gut isoliert, schnell aufgepustet, leicht und nicht mega laut, wenn man sich auf ihr umdreht.
Wasserflasche und Trinkblase: Beides ist für mich ideal.
Wasserfilter: Früher hatte ich ein Pumpsystem, diesmal nutzte ich eine Squeezing Bottle, deutlich leichter und platzsparender und für die Wassersituation auf dem AT ausreichend.
Dry Sack für meine Kleidung: Ein Luxus, auf den ich nie verzichten werde: immer ein Set trockener Klamotten zu haben.
Bärentasche Ursack: Meine Lieblingsmethode um mein Essen vor hungrigen und neugierigen Bären zu schützen.
Schraubglas und Löffelchen: Ich finde, das Essen schmeckt besser aus einem Glas, daher investiere ich in das extra Gewicht. Außerdem ist es zuverlässig dicht und wird ordentlich sauber, was für meine Einweich-Methode entscheidende Faktoren sind.
Bauchtasche: Praktisch. So hatte ich Filter, Taschenmesser, Klopapier und einen Snack immer griffbereit.
Regenjacke: Wenn du Geld sparen willst, dann nicht an dieser Stelle.
Wandersocken: Es regnet immer einen Tag länger, als man trockene Socken dabei hat. Gesetzt des Trails.
Schlafsocken: Trockene, warme Füße im der Nacht machen den bahnbrechenden Unterschied.
Langarmshirt: Ich brauche keine lange Hose, aber häufig ein langärmeliges Oberteil.
Schlafhose: Ich hatte Baumwollleggins mit. Das Material fühlt sich warm an und nimmt Feuchtigkeit auf. Allerdings ist es weder platzsparend, noch sonderlich gut zu waschen.
Shirts und Shorts: Ich hatte zwei von jedem. Nimm welche mit, die du gerne trägst, denn du trägst diese und nur diese für eine lange Zeit. Am Ende kannst du sie wegwerfen. Sauber werden sie zumindest nie mehr so ganz.
Unterwäsche: Hier gilt das gleiche.

Buff-Schal: Multifunktional. Wärmen, abkühlen, trocknen, säubern.
Handtuch: Ich hatte ein kleines Mikrofasertuch mit.
Schuhe: Ich habe den Altra Superior für mich entdeckt. Leicht, trocknet schnell und ich kann mit den Zehen wackeln.
Flip-Flops: oder andere Schuhe fürs Camp. Ich laufe abends gerne nur noch mit denen herum, manchmal wandere ich sogar ein Stück in ihnen, und manchmal nutze ich sie, um durch einen Fluss zu waten ohne mir die Schuhe nass zu machen und trotzdem Halt und Schutz auf den glitschigen, scharfkantigen Steinen zu haben.
Wanderstöcke: Möchte ich nicht mehr missen. Erfüllen vielfältige Zwecke: unterstützen mich bei steilen Anstiegen, helfen bei leichten Anstiegen einen guten Rhythmus zu halten, helfen beim Balancieren über Steine, Wasser- und Matschbäche, ich checke damit das Einsinkpotenzial des Bodens, sie dienen als Mikrofon, wenn ich zu ‚Unchain my Heart' performen muss, ich komme damit an fabelhafte Beeren heran, sie können eine Abwehrwaffe gegen aggressive Hunde sein (das Tier, vor dem ich auf dem Trail eigentlich am meisten Angst habe), ich kann meine Socken zum Trocknen darüber stülpen!
Buch: Immer mal wieder freut sich mein Hirn über externen Input oder Ablenkung oder einen Ausflug in eine andere Welt.
Journal: Keine Diskussion. Ohne das wäre dieses Buch nie entstanden. Zusätzlich, ein Bleistift, ein Radiergummi und einen kleinen Anspitzer.
Smartphone: und eine kleine Extrabatterie. In der Regel musste ich beides nach einer guten Woche wieder laden. Und wenn der Akku leer war, war er halt leer.
Erste-Hilfe-Set: Ich freue mich, wenn ich es nicht brauche. Was nicht heißt, dass ich es nicht mitnehme.
Taschenlampe: Besonders wichtig für die, die gerne im Dunkeln wandern. Dann vielleicht über eine Stirnlampe nachdenken! Ich hatte nur die, die an meiner Powerbank integriert war.
Duck tape: Damit kann man alles reparieren. Sogar eine gebrochene Zeltstange oder eine gerissene Zeltplane. Und das für Wochen am Stück!
Taschenmesser: Benutze ich jeden Tag. Super praktisch.
Karabiner: Prima, um Sachen zum Trocknen am Rucksack zu befestigen.
Hygienebedarf: Zahnbürste, Zahnpasta (ich hatte Trockentabletten dabei), Ohrenstäbchen, Sonnencreme, Nagelschere, Toilettenpapier, Desinfektionsmittel, Mückenspray, Frauenkram für die Periode. Alles andere wären nur unnötige Luxussachen für mich. Aber jeder hat irgendeinen Luxusartikel dabei. In meinem Fall eben mein Buch und mein Journal und manche würden auch mein zweites Set Shirt und Shorts dazu zählen. Für andere ist es vielleicht eine große Powerbank, Creme oder eine Gitarre.

Mein Rucksack am Start der Reise. Erstaunlich sauber und Intakt

Das Bild meiner Umgebung änderte sich nicht, als ich die Mason-Dixon-Linie, die historische Grenzlinie zwischen Maryland und Pennsylvania, übertrat. Ist es nicht verrückt, wie der Mensch überall solche künstlichen Linien gezogen hat? Willkürliche, unsichtbare Schnitte durch das Land, die aber so viel Macht besitzen, dass sie über ganze Lebensgeschichten entscheiden. Für mich bedeutete diese hier nichts weiter, als dass ich eine künstliche Linie näher an Maine war.

Wieder verbrachte ich die Nacht in einem Shelter. Ich hatte meinem Zelt gegenüber schon ein schlechtes Gewissen, aber auf den Zeltplätzen etwas weiter unterhalb schien schon einiges los zu sein, das Shelter war noch unbesetzt, und außerdem hieß es Rocky Mountain Shelter. Oh ja, ich wollte nur zu gerne wieder in den Rocky Mountains übernachten. Nachdem ich 2018 den Appalachian Trail verließ, reiste ich nach Colorado, um den Colorado Trail zu bewandern. Er streckt sich von Denver südwestlich nach Durango: knapp 800 Kilometer außergewöhnliche Schönheit. Was mir am meisten im Gedächtnis geblieben ist, sind die Farben. Sie waren irgendwie intensiver. Der Himmel war blauer. Das Gras grüner. Die Blumen bunter. Und es war faszinierend, wie viele Blumen dort wuchsen. Zuerst sah ich nichts außer grauen Blöcken und Steinen. Ich hörte nichts, außer vielleicht einen Wasserfall, der den Berg herunter rauschte. Aber auf den zweiten Blick sah ich all die kleinen grünen Flecken und all die kleinen Blumen, die der Welt mutig ihre Farben zeigten, auch wenn sie wussten, dass sie in ein paar Wochen schon wieder mit Schnee und Eis bedeckt sein würden. Und wenn ich genau lauschte, dann hörte ich all die geschäftigen Insekten surren und brummen, um Jahr für Jahr den Blumen beim Wachsen und Blühen zu helfen. Ich hörte die Vögel kreischen und ihre weichen Flügel durch die Luft schneiden. Ich hörte den schrillen Ton der Pfeifhasen, wenn ihr Flügelschatten über sie glitt. Und mit diesen Erinnerungen schlief ich ein.

Ich passierte ein ex-offizielles und einige ex-ex-offizielle Markierungen, bevor ich das total unspektakuläre 2022-offizielle Mittelpunkt-Schild des AT erreichte: 1097,15 Meilen von Georgia und 1097,15 Meilen bis Maine. Klang das einschüchternd oder aufregend? Ich hatte noch keine Entscheidung in dieser Frage getroffen, als ich auf Twig stieß, den ich zwei Tage zuvor kurz kennengelernt hatte. Schnell kamen wir ins Gespräch und plötzlich waren wir zehn Kilometer weiter gewandert. Das spricht wohl dafür, dass unser Gespräch interessant war.

Es wurde langsam dunkel, und als wir an einem Bach mit einem guten Zeltplatz vorbei kamen, entschied ich mich dort zu bleiben. Twig wollte noch weiter. Im Gegensatz zu mir liebte er Nachtwanderungen. Wir wünschten uns „Happy Trails“ mit der Hoffnung, wieder aufeinander zu treffen. Vielleicht bald, vielleicht später … Man weiß es nie auf dem Trail.

Ich hielt meine Füße und Waden in das klare, kalte Wasser des Bachs, ein purer Genuss nach einem langen Wandertag. Erholungszeit für meine Muskeln. Obwohl ich das Gefühl hatte, dass sie sich genau erinnerten, was sie hier zu tun haben. Danke Muskelgedächtnis! Ich musste nicht wirklich auf die Entwicklung meiner Traillegs warten. Ich erinnerte mich, dass das 2018 anders war. In der ersten Woche fühlte ich mich häufig ziemlich miserabel. Das soll nicht heißen, dass ich eine schlechte Zeit hatte, sondern nur, dass ich häufig müde war, nur langsam ging, meine Beine sich schwer anfühlten. Nach und nach ging dieses Gefühl aber vorbei, bis ich das Gefühl hatte, einfach ewig weitergehen zu können. Diesmal schien ich das Gefühl von Anfang an haben zu dürfen.

Plötzlich stand ein Mann in Jeans direkt vor meinem halb aufgebauten Zelt. Ich konnte meinen Blick nicht von seiner Hose abwenden. „Leute wandern nicht in Jeans. Obdachlose und Drogenabhängige sind die einzigen Leute, die auf dem Trail Jeans tragen“, so hatte Twig es noch vor einer Stunde formuliert. Nie hatte ich nur einen Gedanken an so etwas verschwendet und nie hätte der freundliche Mann irgendeine Form von Misstrauen in mir erweckt, wäre da nicht Twigs Aussage gewesen. Also starrte ich auf seine Jeans, starrte auf das unförmige Objekt unter seiner Weste. Eine Waffe? Der Mann erzählte mir, dass er sich um das Shelter in der Nähe kümmerte und dass dort in den letzten Tagen ein Bär gesehen worden war. Ich schaute zurück zu der kleinen Holzbrücke in der Hoffnung noch ein Zeichen von Twig zu sehen, aber der war natürlich längst weg. Ich war allein mit einem potenziellen Bären, einem Mann in Jeans und meiner irrationalen Angst: Klasse!

Offizieller Halfway Point 2022.

Ein Bär tauchte später tatsächlich auf. Allerdings nicht in Form eines dicht behaarten Tiers, sondern eines älteren weißen Mannes, dessen Trailname eben „Bear“ war und der Richtung Süden unterwegs war. Er unterhielt mich großartig und über all mein Lachen vergaß ich meine Angst. Er erzählte mir von seinen Abenteuern auf dem Trail, zu dem er jedes Jahr wieder zurückkam, um einen Teil zu bewandern. Vermont war sein Favorit. Vielleicht würde er mich in ein paar Wochen dort treffen. Als er ging, lachte ich mich selbst dafür aus, so ein Angsthase gewesen zu sein. Das war komplett gegen meine Natur. Mir wurde nie ein grundsätzliches Misstrauen gegen Menschen eingebläut. Im Gegenteil. Ich vertraue den meisten erst einmal und dann entscheidet mein Bauchgefühl. Und damit bin ich immer gut gefahren. Ich glaube, es ist verschwendete Energie sich ständig zu sorgen. Ein Freund sagte einmal zu mir: Du ziehst die Leute an, die in dein Menschenbild passen. Der nette Herr in Jeans kümmerte sich tatsächlich um das Shelter ein Stück weiter. Er hatte sogar ein paar Snacks für Wanderer in der Bear Box hinterlassen. Meine Güte, und diesen Mann hatte ich nur aufgrund seiner Kleidung in eine Ecke geschoben.

Follow, follow the Sun
The direction of the birds
The direction of love
Breathe, breathe in the air
Cherish this moment
Cherish this breath
Tomorrow is a new day for everyone

(Xavier Rudd – Follow the Sun)

Am nächsten Tag zog sich die Strecke durch Farmland wie Kaugummi. Meine Laune wurde bald wie das Wetter: eine emotionslose graue Nieselsuppe. Doch irgendwann lugte die Sonne hervor und ich traf auf Didgeridoo und Zen und die zweite Hälfte des Tages ging so schnell vorbei, wie Kaugummi seinen Geschmack verliert. Ich kannte weder ihre richtigen Namen, noch was sie beruflich taten, aber erfuhr, dass Didgeridoo kürzlich geschieden worden war und damit viele Emotionen verbunden waren. Ich kannte ihre Lieblingsbücher und ihre witzigsten Momente auf dem Trail. Unsere Unterhaltung hob die Wolken von meinem Gemüt, wie die Sonne die Wolken am Himmel. Am Abend lag ich in meinem Zelt und betrachtete die Blätter über mir, die in der Abendsonne glitzerten.

Didgeridoo und Zen? Das sind sogenannte Trailnames, die ein fundamentaler Part der Wanderkultur sind. Niemand behält auf dem AT seinen Geburtsnamen. Ich weiß nicht, wann oder wo diese Tradition ihren Anfang nahm. Ich weiß nicht mal, ob es überhaupt bekannt ist. Vielleicht erwuchs es aus dem Bedürfnis, jemand neuen zu kreieren, jemand anderes zu sein, der zu sein, der man immer sein wollte … In jedem Fall bin ich ein Fan dieser Gepflogenheit, denn sie ist vor allem lustig. Oft ist die Geschichte hinter dem Namen ein genialer Eisbrecher. Die kann man selbst erzählen, aber manchmal raten andere auch gerne, wie es zu diesem Namen kam. Manche Wanderer geben sich ihren Namen selbst, manche werden von anderen getauft und manchmal ändert sich der Name während der

Farmland in Pennsylvania

Wanderung. Grundlage für die Namensgebung kann eine markante Gewohnheit, ein bestimmtes Ereignis, ein typisches Verhalten oder ein besonderer Teil der Ausrüstung, die Ähnlichkeit mit einer bekannten Person etc. sein. Mein Trailname ist übrigens Pi. Auf Englisch klingt das ähnlich wie ein beliebter amerikanischer Kuchen, daher ergänze ich gerne, dass ich „die Zahl und nicht das Dessert" bin. Manchmal nennen die Leute dann alle Nachkommastellen, die sie können. Angefangen habe ich mit vier und am Ende wusste ich 13, nur dadurch, dass ich sie von anderen gehört habe. Ich hätte natürlich auch googeln können, aber das fand ich zu einfach. Ich habe den Namen an meinem ersten Tag 2018 eher spontan ausgewählt. Ich wusste nicht viel über die Trailnamen und Pi war das erste was mir einfiel, als ich mit der Frage nach meinem Namen überrascht wurde. Warum Pi? Die Erklärung ist eher unspektakulär. Es war mein Spitzname in der Schule. Nicht dass mein Name nicht schon kurz genug war, ihn noch kürzer zu machen war eine lustige Herausforderung und für deren meistern am Ende mein Mathelehrer verantwortlich war. Er fragte stets ‚was ich zu sagen hätte, wenn bei einer Gleichung die Lösung π mal a, geschrieben also πa, lautete. Nach ein paar Tagen Wanderung wurden mir die Vorteile des Namens bewusst. Erstens konnte ich die Gästebücher in den Sheltern mit einem Symbol unterschreiben und zweitens hatten andere Wanderer viel originellere Ideen wo der Name herkam, als meine öde Schulgeschichte. Mein Favorit: Weil Pi auch immer weiter und weiter geht? Im Laufe der Zeit bekam ich auch andere Namensvorschläge: Sunshine, Little Spoon, Bug bite, Bug food … Aber ich blieb immer bei Pi oder geschrieben π. 3,1415926535897.

Mein Wanderfreund Stogie mochte eine bestimmte Zigarrenmarke, Salty bekam seinen Namen nach ein paar Tagen von uns aufgedrückt. Nicht weil er ein Miesepeter war, sondern weil er schon nach Tag zwei Salzränder auf seinem Shirt hatte, die nie wieder ganz verschwanden. Puff Puff besaß zwei bauschige Daunenjacken. Als sie später eine nach Hause schickte, nannte sie jeder nur noch Puff. Short Shorts trug immer, man rät es kaum, sehr kurze Hosen. Einige meiner Lieblingsgeschichten hinter den Namen sind diese: Zucchini bekam ihren Namen, als sie in Afrika war. Sie ging dort auf einen Markt und versuchte Zucchini zu finden. Niemand kannte das Gemüse, aber alle gingen davon aus, dass sie sich mit ihrem Namen vorstellte. Und so blieb der Name während ihrer Zeit im Dorf an ihr hängen. Niemand erriet den Hintergrund des Namens Pale Moon. Wanderer entwickeln ziemlich markante Teintlinien, also Übergänge zwischen gebräunter und nicht gebräunter Haut. In Anlehnung an den Begriff des „Farmers Teint“, nennt man den Look „Hiker Teint“. Die Sockenlinie ist bei Weitem die unästhetischste. In der Regel behält der Po seine Originalfarbe und bei Pale Moon war diese eben ein sehr helles Weiß. Wenn sie sich zum Pinkeln zwischen die dunklen Tannen hockte, dann leuchtete ihr Po wie der Mond am Nachthimmel. Quitter gab niemals seine Wanderung auf, wohl aber seinen Hang zum Alkohol und überwand seine Sucht auf dem Trail. Trash hatte es sich zur Aufgabe gemacht allen Müll aufzusammeln, den er im Wald fand. Mouse bekam seinen Namen, weil es in jedem Shelter, in dem er eine Nacht verbrachte, zu irgendeinem Mauszwischenfall kam. Sie nibbelten an seinem Klopapier, seinem Essen und trieben ihn in den Wahnsinn, indem sie einfach hin und her rannten oder mitten in der Nacht exakt vor seinem Gesicht auftauchten. Trashbag hatte einen Schlafsack, der sich als nicht warm genug entpuppte. Und wo andere mit einem Liner nachrüsten, stieg er zusätzlich in eine Mülltüte. Dafür, dass ich keinen engen Zeitplan hatte, traf ich In-a-Rush eigentlich zu häufig. Als mir Catch-up seinen Namen verriet, fragte ich zuerst, ob er keine Mayo mochte.

Eingeholt hat er mich dann aber leider nicht mehr. Ich überholte Sir-Freaking-Fucking-Shit. Wahrscheinlich war dies nicht sein echter Name, aber es waren die Wörter, die ich in seinem sehr lauten Selbstgespräch vernahm, dessen unfreiwilliger Zeuge ich in der halben Stunde, in der ich mich von hinten annäherte und in der halben Stunde, in der ich vor ihm weglief, wurde. Als er mich bemerkte, tat er so, als ob er telefoniere. Nicht so unglaubwürdig wie in Deutschland, wo man schon 50 Meter nach dem letzten Haus keinen Empfang mehr hat, aber doch relativ unwahrscheinlich mitten im Wald. Eigentlich trifft jeder irgendwann auf einen Bear, einen Stonehopper, einen Moose, einen Pathfinder, einen Smiles, einen Yogi, einen Bad Weather oder einen Lightweight. Ich amüsierte mich über Seven's Grader, Nemophilist, Sir-stops-a-lot mit seinem Sohn Low Miles, über Tent Potatoe und wahrscheinlich viele weitere, die ich vergessen habe.

Und dann gab es Yardsale, den Stogie, Salty und ich untereinander zunächst Radio getauft hatten. Es war in den Smokey Mountains, als quasi noch mitten in der Nacht ein Radiowecker losging. Das Blöde war, dass der Besitzer der letzte war, der davon wach wurde. Scheinbar war der Besitzer so beschämt, dass er noch mitten in der Nacht das Lager verließ und sein Zelt eine Meile weiter wieder aufstellte. Zumindest kam uns das geschlossene Zelt, dass wir am Morgen passierten, irgendwie bekannt vor. An dem Punkt wussten wir nicht, wer der Wanderer war, aber er sollte zu einer Ikone aufsteigen. Das Informations- und Nachrichtensystem auf dem Trail ist schnell und wir erfuhren bald von einem Wanderer, dessen Schulterriemen gerissen war und der seinen Rucksack in den Händen bis zum nächsten Ort tragen musste. Als Nächstes hatte dieser Wanderer ein unauffindbares Leck in seiner Matratze. Wir trafen ihn später in einem Hostel, wo er mir seine Flip-Flops auslieh (die Hintergrundgeschichte dazu gibt es später). Er bestand darauf, dass ich sie behielt, als er vor uns aufbrach. Und einige Tage später trafen wir ihn tatsächlich wieder. Ich wollte ihm seine Flip-Flops zurückgeben, aber er hatte irgendwie neue aufgetrieben. Außerdem trug er nun Pebbles Essenspack mit sich herum und suchte folglich nach ihm. Der Typ war ein kompletter Chaot, aber hatte ein gutes Herz. Ich bin ihm bis heute dankbar für seine viel zu großen Flip-Flops, die ich noch lange nutzte. Pebbles suchte wahrscheinlich noch angestrengter nach ihm. Oder vielleicht auch nicht. Er war ein vielleicht noch größerer Chaot und nicht sehr sympathisch. Wir waren ihm in der ersten Woche begegnet. Er bat uns ein Stück mit uns wandern zu dürfen, aber nach seinen prahlerischen Geschichten über sein Tempo, seine Triathlon-„Karriere"' und sein Ziel, den Trail in 70 Tagen zu schaffen, merkten wir an, dass wir ihn ja nur aufhalten würden. Doch er bestand darauf uns zu folgen. Also ertrugen wir seine Prahlerei für eine zu lange Zeit, aber machten uns später über seinen utopischen 70-Tage-Plan lustig. Es war schnell klar geworden, dass er nicht einmal sicher war, in welchem Staat er sich gerade befand, und sein Kommentar „Mann Leute, ihr habt ein krasses Tempo drauf. Drei Meilen pro Stunde. Krasse Pace. Krasse Pace“, wurde zu unserem Insiderwitz. Immer, wenn wir super langsam vorankamen, imitierte einer von uns Pebbles‘ hektische Versuche-wie-ein-Checker-zu-klingen-Stimme, kontrollierte seine imaginäre Uhr und konstatierte: „Krasse Pace, Leute!“ Selbst dieses Jahr poppte der Satz immer mal wieder in meinem Ohr auf und brachte mich zum Lachen.

Der nächste Tag bestand aus meditativem Tagträumen und konzentriertem Steinehüpfen. Eine Zeit lang lief ich auf einer Teerstraße durch den Ort Duncannon. An dessen Ende überquerte ich eine gigantische Brücke über den Susquehanna River und stand dann plötzlich vor Bahngleisen. Dahinter ging mein Weg weiter, aber auf den Gleisen stand ein Güterzug. Ich hatte drei Möglichkeiten: Warten bis sich der Zug wieder in Gang setzte, was natürlich von Minuten bis Tage alles sein konnte. Entlang der Gleise gehen, bis ich zum Ende des Zuges kam und dort über die Schienen gehen konnte, was im Anbetracht der Länge amerikanischer Güterzüge auch keine wirklich überzeugende Idee war. Oder drittens, ich könnte über einen Waggon auf die andere Seite klettern. Das klang nach einem echten Western-Film, daher begann ich an einem Waggon heraufzuklettern, zwischen den Waggons durchzubalancieren … Wäre ich in einem schlechten Western, hätte sich der Zug natürlich genau jetzt in Gang gesetzt. In meinem Kopf floh ich selbstverständlich heldenhaft vor irgendwelchen Banditen, konnte im letzten Moment vom anfahrenden Zug springen und im dahinter gelegenen Wald entkommen, während meine Verfolger darauf warten mussten, dass der Zug endlich zu Ende wäre. Nach diesem kurzen Kinotrailer kraxelte ich auf den nächsten Bergrücken bis zum Peter Mountain Shelter. Während ich noch mit mir selbst diskutierte, ob ich eine weitere Nacht in einem Shelter verbringen oder etwas weiter mein Zelt aufschlagen wollte, öffnete der Himmel seine Schleusen und nahm mir die Entscheidung ab. Drei Leute befanden sich bereits hier. Sie spielten Karten und luden mich ein mitzuspielen. Als wir die Farben auf den Karten nicht mehr erkennen konnten, gingen wir zu unseren Matratzen und lauschten dem Regen vor der Hütte. Ich schlief schon fast, als eine Gruppe Wanderer aus der Dunkelheit auftauchte. Ungeachtet der Tatsache, dass es schon dunkel war, fingen sie an ihr Lager aufzubauen. Sie leuchteten uns mit ihren Kopflampen ins Gesicht, knisterten und trampelten neben unseren Köpfen umher. Sie unterhielten sich lautstark und überheblich über ihre zurückgelegte Strecke und ihre morgigen Pläne, stöhnten über ihre nasse Kleidung, fingerten mit ihrem Gaskocher herum, um sich noch eine Mahlzeit zuzubereiten. Zuerst versuchte ich sie einfach zu ignorieren und zu schlafen, aber merkte schnell, dass das nur frustrierte, also stütze ich mich auf die Unterarme, die Hände unter dem Kinn und beobachtete das Treiben. Ich fand, diese Leute verhielten sich respektlos, aber ich spürte keine Wut in mir. Ich beobachtete sie einfach mit Interesse, versuchte das Ganze aus ihrer Perspektive zu sehen und nachzuvollziehen, was sie wohl dachten, wer sie waren, warum ich sie nicht mochte, und hoffte nie so zu sein. Irgendwann wurden sie ruhiger, ich drehte mich um und schlief durch eine unruhige Nacht. Neben mir schnarchte es gewaltig. Dass die Bäume am nächsten Tag noch alle standen, wunderte mich.

Ich stieß mit Bad-Ass-and-Blind zusammen. Nicht wörtlich zum Glück. Das wäre passiert, wenn ich so wie er blind wäre. Ein erstaunlicher Mann. Vor ein paar Jahren verlor er sein Augenlicht und seither trainierte er, um sich seinen Traum, auf dem Appalachian Trail zu wandern, zu erfüllen. Er lernte zu navigieren, Richtung und Untergrund zu bestimmen. Er kam im Schneckentempo voran, ein oder zwei, vielleicht mal drei Meilen am Tag. Aber er war so glücklich, er lebte seinen Traum. „Was immer du tust, Pi“, sagte er zum Abschied, „werde niemals alt.“ Sein Rat ließ mich nachdenklich zurück…

Ich habe keine Angst vor dem Älterwerden, wohl aber davor alt zu werden. Ich möchte niemals sagen, es war einfach ein weiterer Tag. Ich will herumalbern. Ich will in der Küche tanzen, während mir das Essen auf dem Herd anbrennt. Ich will schabernacken und Unsinn reden. Ich will mich in einer Geschichte verlieren. Ich will alles was ich tue mit Enthusiasmus tun. Ich will scheitern. Ich will lieben. Ich will mich bewegen. Ich will niemals planen statt träumen. Ich will ein Kind bleiben, das sich nicht über Konsequenzen sorgt, wenn es in eine Pfütze hüpft. Ich will fasziniert sein von der Welt, über mich selbst lachen, die Zeit vergessen. Ich will meinen Kopf aus dem Zugfenster strecken und Luftpolsterfolie knacken.

In jedem Tag steckt Magie.
Sei immer offen, sie zu finden.

Am nächsten Tag war der Weg matschig, das Unterholz dichter. Es fühlte sich an wie ein nie endender Tunnel aus Rhododendren. Mein Matsch-meiden-Steine-hüpfen wurde zu einem Wasser-meiden-Steine-hüpfen und stellte sich am Ende als vergebene Mühe heraus, als der Tunnel an einem Biberdamm endete. Ich watete durch das knietiefe Wasser, tastete mit meinen Füßen nach Baumstäm-

Watch your Step

men und versuchte von selbigen nicht abzurutschen. Irgendwie fand ich es eine lustige Herausforderung und eine erfrischende Abkühlung für meine Beine. Ich sah leider keinen der Bewohner, aber andererseits sah ich auch keinen ihrer Jäger. Klapperschlangen sind hier nämlich auch zu Hause und auf deren Begegnung konnte ich gerne verzichten.

Den ganzen Tag ging mir der Song „Guacamole" vom Lumpenpack nicht aus dem Kopf. Als ob er ein Vorbote sei für die Trail Magic, in die ich am Nachmittag hineinstolperte. Drei sogenannte Trail Angels saßen auf einem Parkplatz und warteten auf Wanderer. Sie servierten mir alles, wonach ich wünschen konnte: Toilettenpapier, frisches Obst und Gemüse zum Dippen in … schwer zu raten … Guacamole! Mit neuem Schwung wanderte ich zwölf Kilometer, meist leicht aufwärts, weiter bis zu einer guten Zeltstelle in der Nähe eines Shelters und schlief augenblicklich ein.

Trail Magic ist ein Segen. Manchmal ist es geplant, manchmal spontan. Ein eisgekühltes Getränk auf einem Wanderparkplatz, ein Stück Obst auf einem Gipfel, eine Kühlbox an einer Straßenkreuzung, ein ganzes Barbecue auf einem Pick-up, ein Pavillon mit Stühlen. Es erfüllt mich jedes Mal mit so viel Dankbarkeit und Freude. Wildfremde Menschen sorgen sich um zufällige Wanderer. Manche machen es allein, andere als Gruppe und wieder andere als ganze Community. Jede Woche am gleichen Ort, immer mal wieder irgendwo, einmal in der Saison an seinem Lieblingsplatz. Warum? Ein Mann, den ich traf, tat es, weil Freitag war. Andere wollten einen Freund unterstützen und überraschten einfach andere gleich mit. Wieder andere wollten dem Trail etwas zurückgeben, mit ihm und seinen Wanderern verbunden bleiben, weil sie selbst schon einmal Thru-hiker waren. Manche mochten einfach die Idee eines Thru-hikes, und auch wenn sie selbst nie gewandert sind oder den Trail nicht machen konnten, fühlten sie sich inspiriert von denen, die es versuchten. Es genügte ihnen den Geschichten zu lauschen und glückliche Gesichter zu sehen. Egal aus welchen Motiven, es ist immer köstliche zusätzliche Energie für den Körper und ganz viel Herzwärme für die Seele. Ich bin jedem dankbar, der mein Trail Angel, mein Engel, war. Einige dieser Menschen werden nie wissen, dass sie es für mich waren, andere haben mich längst vergessen und ein paar denken vielleicht immer noch an ein kleines Mädchen mit wilden blonden Haaren und einem breiten Lächeln auf dem Gesicht, als sie in das Stück Wassermelone biss. Sich dann eine Handvoll Nüsse nahm, eine Banane für den nächsten Tag einpackte und, wenn man sie danach fragte, mit glänzenden Augen von dem Leben auf dem Trail erzählte.

Auch das kann Trail Magic sein. Einfach mal kurz ein Stuhl zum Sitzen nach einem steilen Anstieg.

Am nächsten Tag ging der Tunnel aus dichtem grünen Unterholz und Matsch weiter. Guacamole gab es weder in meinem Kopf noch in meinem Magen, dafür aber ein erholsames Nickerchen auf einer sonnenbeschienen Lichtung. Am späten Nachmittag lud mich Hippie-Frau Hatha ein, ihren kleinen Campspot zwischen den Bäumen zu teilen. Sie war freundlich und ein bisschen verrückt, das Abendlicht warm und beruhigend.

Thru-hiker nennen Pennsylvania oft Rocksylvania. Es gibt hier einiges an Steinen, das stimmt, aber es ist auch nicht so, dass steinige Wege plötzlich ein neues

Phänomen wären oder es nach Pennsylvania keine Steine mehr gibt. Nicht im Geringsten. Wahrscheinlich kommt der Missmut daher, dass viele in Pennsylvania einen kleinen Motivationshänger haben und der Wald hier nicht viel Ablenkung bietet. Weder besonders viele Aussichten oder Kraxel-Anstiege oder Seen zum Baden. Folglich viel Zeit, um sich über Steine zu echauffieren. Im Namen aller Wanderer möchte ich mich für all die Schuldzuweisungen entschuldigen, die dich stellvertretend treffen, Pennsylvania! Ich gebe dennoch zu, es ist steinig! Es gibt unterschiedliche Arten von steinigen Pfaden, die sich nach der Größe der Steine kategorisieren lassen. Gruppe 1: die großen Drauftretsteine, die all meine Konzentration erfordern und eigentlich Spaß machen, wenn es nicht gerade die letzte Stunde des Wandertages ist. Gruppe 2 sind die ganz großen Brocken. Ein lustiges Kletterspiel bei Trockenheit, bei Nässe eine stete Mahnung, dass ein falscher Schritt mein Abenteuer ganz schnell beenden kann. Deshalb bewege ich mich dann lieber im Faultier-Tempo. Die kleineren Dazwischentretsteine aus Gruppe 3 sind wenig nett zu den Schuhen und können etwas ermüdend werden. Gruppe 4 sind die geröllartigen Steine, bei denen ich einfach nur versuche heil drüber zu kommen und das Beste hoffe. Es wäre verschenkte Mühe die Füße bewusst da- oder dorthin zu setzen. Die Geröllsteine machen sowieso, wozu sie gerade unlustig sind. Manche rollen, manche hüpfen, machen bleiben unbewegt, manche sinken ein und die meisten machen irgendwas Undefinierbares. Zuletzt ist da noch Gruppe 5. Hier und da findet sich tatsächlich ein Stück wunderbar weicher Waldboden mit – Achtung – keinen Steinen, außer dem einen kleinen, der aus der Erde ragt und garantiert jener ist, über den ich stolpere.

Der Trail führte mich hauptsächlich durch Laubwald. Eiche, Zuckerahorn, Esche und Plantanen waren die häufigsten Schattenspender. Ich wunderte mich über die Tischtennisball großen Pflanzenteile unter den Eichen. Es waren definitiv keine Eicheln. Sie waren hohl, grünlich-bräunlich gefleckt und sahen irgendwie spröde und dennoch stabil aus. Eine Wanderin erklärte mir, dass es Eichenblätter sind, die von einem Insekt (dessen Name ich sofort wieder vergaß) genetisch so verändert werden, dass sie als Ball wachsen und so als Haus für deren Larven dienen. Die Natur denkt sich schon verrückte Sachen aus. Ich bin immer wieder baff.

Der Weg blieb die meiste Zeit auf dem Kamm und führte nur hin und wieder ein Stück nach unten zu einer Straßenüberquerung. Dort unten war der Trail ziemlich matschig, ich konnte den Blick nicht heben und musste meine Augen zusammenkneifen, damit nicht jedes Flugobjekt in meinen Augen landete. Ein kurzer Aufstieg erlaubte mir den Blick wieder zu heben und die gesamte Schönheit aufzunehmen. Allerdings nicht zu lange, sonst wäre ich über den nächsten

Stein gestolpert. Regelmäßig raschelte das Laub rechts und links von mir, wenn Chipmunks, Vögelchen sowie rote, graue und schwarze Eichhörnchen, Rehe und Bären sich im Unterholz versteckten, wachsam jeden meiner Schritte beobachteten. Vielleicht amüsierten sie sich aber auch köstlich, wie ich über die Steine stolperte, schlingerte, strauchelte, rutschte, fluchte.

Who made the world?
Who made the swan, and the black bear?
Who made the grasshopper?
This grasshopper, I mean –
the one who has flung herself out of the grass,
the one who is eating sugar out of my hand,
who is moving her jaws back and forth instead of up and down –
who is gazing around with her enormous and complicated eyes.
Now she lifts her pale forearms and thoroughly washes her face.
Now she snaps her wings open, and floats away.
I don't know exactly what a prayer is.
I do know how to pay attention, how to fall down
into the grass, how to kneel down in the grass,
how to be idle and blessed, how to stroll through the fields,
which is what I have been doing all day.
Tell me, what else should I have done?
Doesn't everything die at last, and too soon?
Tell me, what is it you plan to do
with your one wild and precious life?

(Mary Oliver – The Summer Day)

Ich stand früh auf. Ich liebe den Morgen. Er ist so friedvoll und doch so voller Möglichkeiten. Der Himmel war blau, die Vögel zwitscherten, das Morgenlicht glitzerte durch das Blätterdach. Meine Füße kitzelten den Trail wach oder war es umgekehrt? An meinem Gesicht, meinen nackten Beinen und Armen sammelte ich Spinnweben. Das Werk der Nacht. Der Beweis, dass an diesem Morgen noch niemand hier war. Irgendwann stieß der Tunnelpfad auf einen breiten Wanderweg und plötzlich holte ich einen Tagestouristen nach dem anderen ein. Scheinbar waren Pulpit Rock und der Pinnacle Outlook lohnenswerte Ziele, was mich dazu verleitete mit einer Pause zu warten, bis ich auch oben war. Der Ausblick war tatsächlich wundervoll, aber die sonnengewärmten Felsblöcke waren noch viel wundervoller für ein kleines Nickerchen. Als ich aufwachte, entdeckte ich etwas weiter unten am Fels ein Stachelschwein. Gemächlich wie ein Faultier streckte es seine Pfötchen nach den frischesten Blättern aus. Schob sich ein bisschen weiter, streckte sich, pflückte, kaute. Lag alle viere von sich gestreckt auf dem Bauch und sonnte sich. Andere Wanderer gesellten sich zu mir, um das faszinierende Tier zu beobachten. Einer von ihnen gab mir eine Banane, die nächste teilte ihre Kekse, die dritte bot mir ein Stück Wassermelone an. Als sie mich den ersten Biss nehmen sah, hielt sie mir die gesamte Box hin. Random Acts of Kindness. Danach fühlte ich mich so erfrischt, dass mich irgendeine verrückte Gehirnzelle dazu brachte, bis zum Allentown Shelter zu laufen. Als ich es erreichte, war es dämmrig, das Shelter überraschenderweise leer und eine weitere Gehirnzelle überzeugte mich, dass ich zu faul war mein Zelt aufzubauen. Also band ich meinen Essensbeutel etwas entfernt an einen Baum und machte es mir auf dem Holzboden des Shelters bequem.

Es gibt mehrere Methoden seine Essensvorräte vor neugierigen Bären und anderen potenziellen Besuchern zu schützen. Und damit meine ich nicht andere Wanderer. Kein Wanderer würde von einem anderen stehlen. Egal wie verzweifelt man ist. Jeder weiß, wenn einem mal wirklich das Essen ausgeht oder es in die Klauen eines Tieres gerät, würde jeder teilen, was er kann. Ich habe einen Ursack, um mein Essen zu schützen. Er besteht aus einem besonderen Material, das kein Bär durchtrennen kann. Deswegen reicht es, ihn einfach mit einem ordentlichen Knoten an einen Baum zu binden, der sich natürlich nicht genau neben dem Zelt befinden sollte. Der Vorteil gegenüber eines Kanisters ist, das der Sack weniger sperrig ist und er nicht wegrollen kann, sollte ein Tier ihn doch mal als Spielkameraden nutzen. Der Inhalt ist danach vielleicht zerdrückt und zerkrümelt, aber der entscheidende Punkt ist: Er ist noch da! Die meisten Wanderer nutzen einen wasserdichten Packsack für ihr Essen. Die gängigste Methode diesen sicher aufzuhängen, ist die PCT-Methode. Dafür wirft man ein dünnes Seil über einen Ast, mindestens 1,5 Meter vom Stamm entfernt. Dann benutzt man zwei Karabiner sowie einen kleinen Zweig, sodass am Ende der Beutel mitten in der Luft hängt und ein Seilende in erreichbarer Höhe baumelt. Es ist extrem wichtig, das Essen (und alles was sonst attraktiv riecht, dazu gehören Wanderer selbst zum Glück nicht) ordentlich zu sichern. Bären sind klug. Sobald sie einmal Menschen mit Futter verbinden, werden sie einen Weg finden, selbst die höchsten Säcke zu erreichen. Solche Bären werden dann häufig erschossen oder müssen aufwendig in sehr abgelegene Gebiete umgesiedelt werden, um gefährliche Zusammentreffen zu verhindern. Demnach liegt es in der Verantwortung jedes Wanderers, es gar nicht zu diesen tragischen Situationen kommen zu lassen. In besonders beliebten Gebieten gibt es an Zeltplätzen und Sheltern häufig eine Bearbox. Eine metallene Box, deren Öffnungsmechanismus nur von einer menschlichen Hand mit Fingern bedient werden kann. Neben der korrekten Lagerung über Nacht gibt es drei Regeln, die man beim Thema Essen beachten sollte: Wenn du einen Beutel öffnest, schließe ihn auch direkt wieder. Wenn du einen Deckel aufdrehst, dann dreh ihn auch wieder zu. Iss niemals im Zelt, außer du willst, dass dir ein Bär in den Hintern beißt.

Mein Ursack

Am Morgen war ich meinen beiden Entscheider-Hirnzellen ziemlich dankbar, denn in der Nacht rollte ein heftiges Gewitter über das Allentown Shelter. Ich füllte meine Wasserflasche unter der Regenrinne auf und lauschte, wie die schweren Tropfen auf das Dach trommelten. Als es nur noch ein Nieselregen war, startete ich in den Tag. Der Nebel um mich herum fühlte sich sinnlich an. Ich war überrascht, wie entspannt ich war. Selbst die nassen Blockfelsen über die „Messerklinge“ beunruhigten mich nicht. Ich bewegte mich über die Felsen einfach so achtsam wie das Stachelschwein gestern. Und zwischen den Kletterpartien rannte ich wie ein Wiesel über den weichen Waldboden. Bereits am frühen Nachmittag erreichte ich das George W. Outerbridge Shelter, das sich kurz vor der Straße nach Palmerton befand. Ich wollte eigentlich am nächsten Morgen im Ort einkaufen, aber entschied, es einfach jetzt zu tun. Also lief ich die Meile bis zur Straße und streckte meinen Daumen nach oben. Nach kurzer Zeit hielt ein Auto und der Fahrer nahm mich mit zu dem kleinen Supermarkt in Palmerton. Und bevor ich überhaupt danach suchte, hatte mir schon jemand eine Fahrt zurück zum Trail angeboten. Aufgrund der Tornado-Warnung für den frühen Abend, vor dem mich meine nette Fahrerin auch nochmals warnte, entschied ich mich einfach die Meile wieder zurück zum Shelter zu gehen, anstatt dem Trail weiter zu folgen und nach einem Versteck zu suchen, bevor der Sturm mich erreichte.

These boots are made for walking …

(Nancy Sinatra)

Tatsächlich regnete es nicht einen einzigen Tropfen. Die Pia dieses Tages war anfangs ziemlich angefressen von der Pia des Vortages. Sie schimpfte sie einen Feigling. Zurückzugehen, nur um in einem Shelter zu schlafen! Doch dann änderte sie ihre Perspektive und empfand Stolz für die Pia des Vortages. Dafür, dass sie gut zu sich selbst gewesen war. Dafür, dass sie sich nicht von einem ungesunden Ehrgeiz verleiten ließ, der immer nur „mehr“ als „besser“ bezeichnet und Pause als Zeichen der Schwäche wertet. Im Grunde konnte die Pia des Vortages ja nicht wissen, dass es gar keinen Sturm geben würde. Sie wäre also müde auf den Blue Mountain gekraxelt mit dem konstanten Gedanken im Kopf, dass sie möglichst schnell einen geeigneten und geschützten Schlafplatz finden müsste. Sie wäre schnell frustriert gewesen, denn für die nächsten zwei Stunden hätte es keinen geeigneten Platz gegeben. Dank der guten Entscheidung war ich nun erholt, konnte den Kletterpart durch den Nebel ungezwungen genießen und dabei der Sonne zuschauen, wie sie behutsam die Wolken anhob. Sie war so bedacht, zu warten bis ich unter einem dichteren Kronendach geschützt war, bevor sie ihre Strahlen ungehindert vom blauen Himmel herabsendete. Die Wasserstellen waren rar und zunächst schien der Wald erst vor Kurzem aufgeforstet. Der Bodenbewuchs war dicht. Ein grüner See aus Farnen, aus dem hier und da ein dunner Stamm heraus ragte, wie Kerzen auf einem Geburtstagskuchen. Doch je weiter ich mich von Palmerton entfernte, desto älter wurde der Wald. Mehr Kerzen auf einem kleineren Kuchen. Der Bodenwuchs wurde so spärlich wie das Licht, das durch das immer dichter werdende Kronendach fiel. Und dann blieb ich für den Rest

des Tages im Tunnel. Der Boden war voller loser Steine, aber meine Füße, meine Socken und meine Schuhe arbeiteten in perfekter Harmonie zusammen.
Im Gegensatz zu 2018. Damals trug ich am Beginn meiner Wanderung „echte" Wanderschuhe. Manche würden sagen stabil und sicher, ich empfand sie als steif und schwer. Sie bremsten mich aus und früh bekam ich eine Blase an der Ferse. Zeit meines Lebens war ich in Turnschuhen gewandert, auch als Kind. Meine Füße liebten die Freiheit mit den Zehen wackeln zu können und sich leicht und agil zu fühlen. Nach einer Woche tauschte ich meine klobigen Schuhe also gegen leichte Trailrunner, was meine Füße sogleich positiv stimmte. Doch in North Carolina wollte der Regen über Tage nicht aufhören. Wir nannten NC unseren persönlichen Regenwald. Alles war klamm und feucht und schnell hatte ich kein trockenes Paar Socken mehr, von den durchweichten Schuhen, in die ich jeden Morgen wieder schlüpfte, gar nicht zu sprechen. Eines Morgens spürte ich auf einmal einen ziemlich intensiven Schmerz auf den Innenseiten meiner Fersen. Jeder Schritt fühlte sich an, als würde jemand mit Schleifpapier darüber reiben. Ich war extrem langsam, machte nur noch Minischritte, obwohl es eigentlich gar keine Schritte mehr waren, eher zog ich meine Füße über den Boden. Salty brachte mein seltsamer Wanderstil zum Lachen, und wenn ich nicht so heftige Schmerzen gehabt hätte, hätte ich mich selbst auch zum Lachen gebracht. Zum Glück kamen wir an diesem Tag nach Erwin und zu Uncle Johnny's Hostel. Sofort riss ich mir Schuhe und Socken von den Füßen. Der Hostelbesitzer, der auf meine Füße starrte, fragte mich im selben Moment, ob ich einen Schnaps wollte. Ja, so übel sahen meine Füße aus. Auf den Innenseiten beider Fersen klaffte eine drei Zentimeter lange ziemlich offene Schürfwunde. Also bewilligte ich einen selbst gebrauten Moonshine, Yardsales Flip-Flops (jetzt ergibt die vorherige Ausleih-Geschichte einen Sinn) und eine Fahrt zum Arzt. Meine Stimme zitterte, als ich ihm die Situation erklärte, und zwar nicht vor Schmerz, als er die Wunden säuberte, sondern vor Angst, dass er mir sagen würde, dass mein Abenteuer hier einfach vorbei wäre. Doch zu meiner Überraschung war er total emphatisch, er hörte mir wirklich zu. Wir einigten uns darauf, dass ich einen kompletten Tag nicht wandern sollte, und mich danach mit ganz viel Aufmerksamkeit um meine Füße kümmern musste. Er zeigte mir, wie ich mit Pflastern aus Watte und Tape die Wunden versorgen konnte, wenn sie in Schuhen steckten, verordnete, dass ich die Füße so gut wie möglich trocken halten sollte und sie, wenn ich eine Pause machte, von Schuhen und Pflastern befreite. Er gab mir desinfizierende Creme, einen ganzen Beutel Watteeinlage und eine Rolle Tape und wünschte mir viel Glück. Irgendwas ließ ihn an die Heilkraft meines Körpers und meine Entschlossenheit glauben. Seine Positivität und Saltys Treue, der mit mir einen Pausentag einlegte, waren unbezahlbar. Ich stellte nie in Frage, ob es sinnvoll war,

weiterzulaufen und ich wurde belohnt. Der Regen blieb für die nächsten Tage aus, meine Fersen heilten erstaunlich schnell, insbesondere wenn man bedenkt, dass sie mich zehn Stunden des Tages durch die Gegend trugen. Und seitdem hatte ich nie mehr irgendwelche Fußprobleme auf meinen Touren. Weder 2018, noch 2022 oder auf irgendeinem Trail dazwischen.

Ich versuche meinen Füßen so viel Pflege zu geben wie möglich. Ich gebe ihnen abends ein kaltes Bad, ich gehe so oft wie möglich barfuß (das erste was ich mache, wenn ich mein Lager aufschlage ist es meine Schuhe auszuziehen), ich massiere sie am Abend und habe ein extra Paar Socken dabei. Ich danke ihnen jeden Tag dafür, dass sie mich über all die Kilometer so verlässlich tragen. Wenn mich jemand fragen sollte, was wohl das Wichtigste ist, was man auf eine solche Wanderung mitbringen sollte, würde ich sagen: glückliche Füße!

Müde Füße in Kühles Nass.

Twig war am Vorabend an meinem Nachtlager vorbei gewandert. An diesem Morgen stieß ich auf seines, als er gerade dabei war aufzubrechen. Wir wanderten also zusammen ins Tal von Delaware Gap. Dabei erzählte er mir von Baltimore Jack. Ein Mann, der auf dem Trail irgendwie hängengeblieben war und dort sein tragisches Ende fand. Bislang dachte ich, dass Wanderern höchstens das Gegenteil passiere – dass sie ihre Wanderung aufgeben. Aus unterschiedlichsten Gründen: Manche zwingt eine Verletzung oder Krankheit zum Aufhören, manchen geht das Geld aus und manchen kommt das Leben dazwischen. Manche verlieren den Trail schon, wenn sie noch auf ihm sind. Zahlen und Meilen und Ziele und Vorhaben werden zur Obsession und, sobald man etwas davon nicht mehr erreicht, zur Demotivation. Und anstatt die Ziele und Vorhaben anzupassen, das gute Gefühl nicht an Zahlen festzumachen, steigt man lieber ganz aus. Andere werden durch Luxus und Gesellschaft verleitet. Eingelullt in den alten Komfortzonen bringen sie die Energie nicht nochmals auf, diese wieder und wieder zu verlassen. Mit Baltimore Jack war es anders. Er schaffte es nicht mehr zurück in die Gesellschaft. Mehrere Jahre hintereinander wanderte er den gesamten Trail. In der Off-Season im Winter tütete er Einkäufe im Supermarkt ein, um seine nächste Wandersaison zu finanzieren. Irgendwann zwangen ihn seine Knie zum Aufhören. Einige Jahre schaffte er noch kleinere Abschnitte, bis er irgendwann gar nicht mehr wandern konnte. Dennoch blieb er auf dem Trail. Er half anderen Weitwanderen als Ratgeber und Trail Angel. Er arbeitete in Hostels. Er wurde von allen als herzensguter Mensch beschrieben. Doch auf der anderen Seite trank und rauchte er. Er wurde krank. Doch nicht mal seine Freunde konnten ihn dazu bringen einen Arzt aufzusuchen. Am Ende starb er inmitten der Wandersaison in dem Hostel, indem er zu jener Zeit arbeitete. Vielleicht hatte er akzeptiert, dass der Trail sein Schicksal war und vielleicht war er damit einverstanden. Und doch empfand ich Traurigkeit und Tragik als Twig mir davon erzählte. Musste es tief in seinem Innern nicht irgendetwas gegeben haben, dem er sich permanent versuchte zu widersetzen und erfolglos zu entkommen? Der Trail kann heilen und der Trail kann schmerzen, aber es sind wir, die entscheiden, was er mit uns machen darf.

You got to live with your dreams
don't make them so hard

(U2 – These are the hands that build America)

In Delaware Gap fand ich eine Kirche, die für Wanderer eine Art Hostel anbot. Ein einfacher Raum mit ein paar Betten, einem Sofa und Stühlen, einer Toilette und Dusche. Wer etwas benutzt, stellt sicher, dass er es für den nächsten wieder ordentlich verlässt und hinterlässt der Kirche eine Spende für die Instandhaltung. Auf Vertrauensbasis. In den kleinen Orten, durch die der Trail ab und an vorbei- oder durchführt, gibt es meist eine Art Wanderhostel. Alle sind unterschiedlich und einzigartig und haben ihr eigenes Flair. Ich glaube, am Ende erzählt jeder von einem anderen Hostel, das ihm besonders in Erinnerung geblieben ist, unabhängig von der Lage, der Ausstattung, dem Ordnungszustand oder ob es spendenbasiert war oder einen festen Preis hatte. Es sind Orte voller Erinnerungen an die vergangenen Abenteuer hunderter Wanderer und soziale Treffpunkte für die aktuellen Abenteurer. Es sind fröhliche Gesellschaftsorte, Pausenorte, Motivationsorte, vielleicht auch Orte zum Party machen oder zum Regenerieren. Ich gebe zu, für mich sind sie häufig auch überfordernd. Aber sie empfangen jeden herzlich, egal ob man über Nacht bleiben möchte, nur mal eben seine Wasserflasche auffüllen will oder für eine Stunde auf einem Stuhl sitzen möchte. So wie ich dieses Jahr. Mit Salty, 2018, blieb ich häufiger auch mal über Nacht in einem Hostel. Meistens schliefen wir aber nicht in den Stockbetten, sondern trotzdem im Zelt. Besonders gefällt mir in solch einem Hostel die Hikerbox. Hier kann jeder Dinge, die er nicht mehr braucht oder zu viel hat, hineinlegen oder wenn etwas fehlt oder etwas verloren gegangen ist heraus nehmen. Manchmal ist es Kleidung oder Equipment, oft ist es Essen oder Kosmetik. Kauft man beispielsweise eine Packung Reis und braucht aber nur die Hälfte, legt man die andere Hälfte in die Box. Der nächste freut sich über den Reis, kauft eine große Packung Haferflocken, nimmt die Hälfte mit und gibt den Rest in die Box. Manchmal freue ich mich aber auch einfach über ein paar übriggebliebene Snacks, die mir den Weg bis in den nächsten größeren Ort mit Supermarkt sichern. Es ist nicht „Dies für Das“, es ist „Nimm, was du brauchst und lass da, was du nicht brauchst“. Es ist eine tolle Methode, um etwas mehr Vielfalt in die Essensauswahl zu bekommen. Tausche ich eine Hälfte Datteln gegen eine Hälfte getrockneter Aprikosen, habe ich schon zwei unterschiedliche Sorten Trockenfrüchte in meinem Müsli! Oder Nüsse oder Riegel oder was auch immer. Ich bin auf jeden Fall Fan dieser Idee.

Auch heute wollte ich nicht über Nacht bleiben, war aber dankbar für die Möglichkeit meinen Handyakku aufzuladen und das WIFI zu nutzen, um einigen Menschen zu versichern, das ich glücklich und lebendig war. Während ich draußen in der Sonne saß und in meinem Buch las, kamen Waffles und Talus an und setzten sich zu mir. Wir waren uns sofort sympathisch. Die beiden kamen aus Kanada und waren in Georgia gestartet. Wir teilten Geschichten von unserem Abenteuer, unseren Herkunftsländern, unseren Ideen und Gedanken. Immer noch tief im Gespräch, verließen wir gemeinsam Delaware Gap, schritten gleichzeitig über die Grenzlinie nach New Jersey und fanden nach ein paar Meilen, gefühlt nur zehn Minuten später, eine große sattgrüne Wiese, auf der wir unsere Zelte aufschlugen und weiter erzählten.

Spät am Abend schlug Smileys neben uns sein Zelt auf. Letzte Nacht hatten er und ich uns einen Zeltplatz zwischen den Bäumen geteilt. Er war etwa 50 Jahre alt und aus der Schweiz. Ein freundlicher Mann, aber ausgelaugt und voller Zweifel. Als er mir seine Geschichte erzählte, dachte ich an eine Zeile aus „The hands that build America“ von U2. An einer Stelle singt Bono „You gotta live with your dreams don’t make them so hard“. Ich glaube es bedeutet nicht, dass wir nicht träumen sollten, sondern das wir unsere Träume viel zu oft an selbst gesteckte Bedingungen knüpfen, an Regeln, Dogmen, Glaubenssätze. Und dass diese die Erfüllung unserer Träume einschränken, unsere Freiheit, unser Glück, unseren Genuss, auch uns selbst einschränken. Smileys hatte nur begrenzt Zeit für seinen Thru-hike. Er war im April gestartet und die Meilen wollten nicht so schnell bewandert werden, wie er sich das vorgestellt hatte. Sein Körper war müde und die durchschnittlichen Tagesmeilen, um Katahdin in der ihm zu Verfügung stehenden Zeit zu erreichen, entmutigten ihn. Ich schlug vor, dass er einen Teil des weniger spektakulären, aber vor allem auch zugänglicheren Abschnitt in New England überspringen könnte, um ohne Stress den nördlichen Endpunkt zu erreichen. Wenn dann noch Zeit über war, konnte er den Abschnitt immer noch nachholen. Aber das war für ihn keine Option! Er würde sich lieber durch die Meilen quälen und die Unzufriedenheit mittragen, dass er möglicherweise nie Katahdin sah, als einen Abschnitt zu überspringen. Denn dann könne er nie sagen, dass er ein Thru-hiker wäre. Jeder baut sich seine eigene Definition. Aber was ist denn das Ziel einer Fernwanderung? Ist es nur alle Meilen bewandert zu haben? In meinen Augen ist es Vergnügen. Genuss der Zeit. Freude an der Natur. Freude an Gesellschaft, selbst wenn es mal nur die eigene ist. Freude daran, was dein Körper dir möglich macht. Genuss der schwierigen Tage, genauso wie der leichten. Vergnügen am Leben. Einen Traum zu verwirklichen ist mehr als ein Haken am Ende. Also sollten wir den Traum nicht mit Regeln und Bedingungen überhäufen. Alles, was zu vielen Regeln folgen muss, hört auf Freude zu machen. Dogmen loszulassen ist nicht einfach. Es kostet Zeit. Viel davon. Es kostet Tränen. Viele davon. Man scheitert. Oft. Bis ich mir eingestehen konnte, dass ich falsch gelegen hatte. Mehr ist nicht immer besser, Zeit zur Erholung einzufordern ist kein Zeichen von Schwäche. Wachsen kann man auch ohne leiden. Auf meinen Körper und mein Herz zu hören, lässt mich weiser entschieden, als strikt einem Plan zu folgen.

Rocksylvania

Die Nacht war frostig, die Morgenluft noch frisch, doch der wolkenlose Himmel versprach einen exzellenten Tag. Die Sonne schien den ganzen Tag auf uns herab, doch dank eines zarten Windes wurde es nicht drückend heiß. Der Weg bot herrliche Blicke über riesige grüne Ozeane aus Wald. Auf einem sonnengewärmten Felsen am Bergkamm machte ich ein Nickerchen. Auf dem nächsten las ich ein Weilchen, während ich auf meine Freunde Waffles und Talus wartete. So wie die ersten Meilen des Tages wanderten wir auch die letzten Meilen des Tages gemeinsam. Wir fanden auf einem weiteren Bergkamm einen perfekten Campspot. Windgeschützt mit Blick auf einen See im Tal, über dem am nächsten Morgen die Sonne aufgehen würde.

Eines der wichtigsten Themen, oder vielleicht sogar das Thema Nummer eins auf dem Trail, waren das Essen und die Lebensmittel. Das Essen, das man hatte, und oft das Essen, das man nicht hatte. Es gibt sehr unterschiedliche Arten von Wanderern hinsichtlich der Essensversorgung. Das ist zum einen die Kalt-Einweicher- und die Gaskocher-Fraktion. Low Budgets essen Ramen. High Budgets

Ausblick von unserem Camp

essen Mahlzeiten aus Gefriergetrocknetem wie von Mountain House oder ähnlicher Marken. Manche Wanderer essen nur Schokolade, Chips und Kekse, andere wickeln alles in Wraps. Die meisten greifen nach Snickers, da es der Snack mit der höchsten Kaloriendichte auf dem Markt ist. Pures Öl zu trinken nicht mitgerechnet. Allein der Gedanke ist schon widerlich. Manche planen ihre Kalorien und das zusätzliche Gewicht, das sie dann auf dem Rücken tragen werden im Detail, haben Portionen für jeden Tag einzeln vorbereitet, anderen ist das alles egal, sie packen einfach irgendwas ein, worauf sie gerade Lust haben. Die meisten fallen irgendwo dazwischen. Ich nahm aus dem Supermarkt immer gerne eine Banane und ein Stück frisches Obst oder Gemüse mit. Viele schütteln da nur den Kopf (viel zu Wasserhaltig und demnach ineffizient!), aber mich macht es glücklich, also muss die Effizienz hinten anstehen. Ich verzichte darauf einen Kocher mitzunehmen und weiche meine Sachen einfach für mehrere Stunden ein. Ich mache mir nichts daraus, dass ich nichts Warmes habe und freue mich vielmehr, dass ich keinen Kocher aufbauen und vor allem auch wieder säubern muss. Ich fülle meine Haferflocken-Müsli-Trockenmischung in eine große Zip-Lock-Tüte und meine Couscous-Bohnen-Körner-Tomaten-Spinatpulver-Trockenmischung in eine zweite. Die genaue Zusammensetzung variiert je nach Verfügbarkeit in Supermarkt und Hiker Box. Am Morgen fülle ich meinen Hafertrockenmix mit Wasser in mein Schraubglas (ja Glas! Ich weiß, schwer, aber es schmeckt einfach besser als aus einem Plastikbecher). Bis zum Mittag ist der Mix schön durchgezogen. Danach fülle ich den Couscous ein und zum Abendessen ist er fertig. Für mich funktioniert es so und das ist das Wichtigste. Niemand muss es so machen wie ich. Ich mag die Snacks am liebsten, wenn sie salziger Trailmix oder selbst gemachte Cracker heißen (die waren aber natürlich nach der ersten Woche aufgebraucht). Ich bin kein Fan von Riegeln, der einzige, den ich irgendwann für mich entdeckte, war Lärabar, im Grunde genommen Trockenfrüchte und Nüsse in Riegelform zusammengepresst. Ich mag gerne Salzbrezeln in Erdnussmus gedippt und alle naslang mag ich M&M's (die Sorten mit Mandel oder Erdnussbutter). Aber was mir extrem wichtig ist, ist ein nahrhaftes Frühstück. Eigentlich könnte ich den ganzen Tag frühstücken.

Heute genoss ich mein zweites Frühstück auf einem grasbewachsenen Felsvorsprung. Die Sonne schmeichelte meinem Körper mit genau der richtigen Intensität, eine ruhige Brise bewegte liebevoll die Luft. Ich kostete jeden Löffel meiner Haferflocken bis ins Detail aus. Die Augen geschlossen, ließ ich meine Zunge jede unterschiedliche Textur erfühlen, jede Geschmacksnuance finden und genoss das Gefühl von gehaltvoller Nahrung und Genugtuung. Körper und Seele. Nourishing soll es sein. Das Wort Ernährung im Deutschen trägt für mich nicht

das gleiche Gefühl wie das Englische. Essen mit jedem Funken meiner Aufmerksamkeit, mit allen Sinnen. Essen ist so viel mehr als Kalorien- und Nährstoffaufnahme. Es ist Leben und Liebe. Selbstfürsorge. Nourishment.

Auch der Rest des Tages war ein weiterer wunderbarer Tag zum Wandern in New Jersey mit noch weniger Steinen und noch mehr grünem Ozean als am Tag zuvor. Am Nachmittag wartete ich wieder auf meine Freunde und zusammen liefen wir zum (nicht ganz so) geheimen Secret Shelter. Tatsächlich ist der Ort eher bekannt für die erfrischende Outdoor-Dusche. Vor allem aber für den Esel, der die Wanderer willkommen heißt und schaut dass die saftige Wiese zum Zelten nicht ganz so hoch wird. Wir genossen das Abendlicht und unsere Gesellschaft vor unseren Zelten.

Am nächsten Tag war Midsommer, der längste Tag des Jahres. Die Sonne kam früh über den Horizont, war aber noch nicht stark genug, um mein Zelt von all dem Tauwasser zu befreien, bevor ich los wollte. Ich pflückte einige Maulbeeren vom Baum neben meinem Zelt und wünschte meinen Trailfreunden Waffles und Talus dann endgültig „Happy Trails“. Wir würden gegenseitig unsere Wege bis Katahdin verfolgen. Ich war traurig die beiden wahrscheinlich nie wieder zu sehen und gleichzeitig spürte ich den Drang wieder in meinem Rhythmus zu laufen.

Der Weg führte mich durch viele Moor- und Feuchtgebiete mit den typischen Holzplanken zum Balancieren und zwischendrin folgten kurze, knackige Anstiege. An einem kleinen Bauernhof mit Hofladen stieß ich auf Didgeridoo! Was für eine schöne Überraschung! Gemeinsam wanderten wir ein paar Kilometer bis zu einer Straßenquerung, von der Didgeridoo zu einem Supermarkt trampen wollte. Ich blieb auf dem Trail. Mich überkam auf einmal die Einsamkeit wie eine Monsterwelle. Der Himmel war ergraut und der Wald fühlte sich eng, dunkel und dreckig an. Ohne große Begeisterung überquerte ich die Grenze nach New York State auf einem steinigen Bergrücken. Diese ungeschützten Blockfelsenwege sind so lange spaßig, wie es trocken ist. Als der Regen als Niesel begann und sich konstant steigerte, veränderten sich die Felsen in gefährliche Rutschrisiken. Ich wollte einfach nicht mehr weiterlaufen. Aber es dauerte eine Weile, bis ich einen zumindest halbwegs geeigneten Platz für mein Zelt fand. Er lag ein kleines Stück unterhalb des exponierten Kamms, aber im Prinzip genau auf dem Trail. Ich hätte nach einem besseren Platz suchen können, ich hätte acht Kilometer weiter zum Shelter wandern können. Aber warum sollte ich mich weiterschleppen? Eine Verletzung riskieren? So wie Theis es damals in den französischen Alpen formulierte: Nur weil du auf einer langen Wanderung bist, musst du dich nicht dazu zwingen zu leiden. Danke für die Erinnerung, die jetzt in meinem Kopf auftauchte. Bei genauerer Betrachtung war der Platz ziemlich knuffig, so direkt unter einer Krüppelkiefer. Außerdem war es schon so spät, dass wohl nicht mehr viele Wanderer über mein Zelt stolpern konnten. Bis auf einen vielleicht.

As the sun comes up as the moon goes down
These heavy notions creep around
It makes me think, long ago
I was brought into this life, a little lamb
A little lamb
Courageous, stumbling
Fearless was my middle name
But somewhere there I lost my way
Everyone walks the same
Expecting me to step
The narrow path they've laid
They claim to
Walk unafraid
I'll be clumsy instead

(First Aid Kid – Walk unafraid)

Ich war schon halb eingeschlafen, als ich eine mir irgendwie bekannte Stimme meinen Namen flüstern hörte. Ich öffnete mein Zelt und im fast Dunkel stand Didgeridoo, komplett durchnässt und fand keinen Platz für sein Zelt. Also lud ich ihn einfach auf eine Übernachtung zu mir ein, die er dankend annahm.

Als ich 2018 vom südlichsten Punkt am Springer Mountain in Georgia startete, traf ich am zweiten Tag auf Salty und es endete damit, dass wir zusammenblieben, bis ich den AT verließ, um noch den Colorado Trail kennenzulernen. Salty hatte eine Hängematte, aber merkte ziemlich schnell, dass er die gar nicht gerne zum Schlafen mochte. In einem Shelter fand er eine liegengelassene Isomatte und nahm sie mit. Ich weiß nicht, wann er das erste Mal mit in meinem Zelt schlief, weil es keine geeigneten Bäume für seine Hängematte gab. Aus einer Notaktion wurde schnell Gewohnheit und Salty hatte seine Hängematte für den Rest unserer gemeinsam Zeit nicht mehr aufgehängt und stattdessen mit mir das Zelt geteilt. Vielleicht war es das, was ich auf den Trail zum Teilen mitgebracht hatte: Raum. Wörtlich und metaphorisch. Ich hörte gerne zu. Ich fühlte, in mir war Platz für die Geschichten, Emotionen und Bedürfnisse anderer … und in meinem Zelt auch. Ich wünschte, es wäre verbreiterter in unserer Gesellschaft, dass man das, was man mehr hat, weitergibt. Geld, Freude, Essen, Platz, Ideen, Liebe, Macht, Glück, Kuchen. Wenn man unglücklich ist, unterstützt man trotzdem das Glück von allen anderen. Wenn wir lieben, lieben wir alle. Wenn jemand Hilfe braucht, helfen wir ohne Erwartungen. Ich glaube, es ist ein Naturgesetz, dass wir das, was wir geben, auch wieder zurück bekommen. Nur eben nicht sofort und nicht in der gleichen Währung. Denn uns die Dinge zurückzuzahlen, die wir gerade geben können, die wir gerade im Überfluss haben, würde keinen Sinn ergeben. Wir brauchen andere Dinge, Emotionen oder wir brauchen sie zu einer anderen Zeit.

Am nächsten Morgen war das Zelt zu meiner großen Überraschung trocken. Keine Ahnung, wie das funktioniert hatte, denn wir wachten in den Wolken auf. Mir hatte jemand erzählt, das man an guten Tagen von hier die Skyline von New York City am Horizont sehen konnte. Wir konnten nicht mal sehen, was zehn Meter vom Zelt entfernt war. Es ist schon komisch, wie manchmal unsere Augen gar keine Chance haben, die Umgebung wahrzunehmen. Ich war mehrere Stunden auf einem Teil gewandert, ich hatte sogar eine ganze Nacht dort verbracht und ich hatte keine Ahnung, wie er wirklich aussah. Oder was ist Wirklichkeit? Der Wald hätte hinter den ersten zwei Bäumen vorbei sein können, ohne das ich es bemerkt hätte. Vielleicht hatte ich 50 Bären passiert. Meine Wirklichkeit war innerhalb eines Fünf-Meter-Radius.

Ich war dankbar für die morgendliche Gesellschaft. Wir teilten Didgeridoos Smoothie aus der Stadt, bevor wir uns auf den Weg in die Wolke machten. Wir teilten sehr persönliche und verletzliche Themen. Wir teilten den Trail, der uns über einen offenen, steinigen Bergrücken führte. Wir teilten unsere Dankbarkeit dafür, dass die Steine, anders als am Vorabend, eher trocken waren. Wir teilten unseren Frühstücksplatz und gingen dann für einige Zeit getrennt weiter. Steile Abstiege folgten direkt auf steile Anstiege. Ich erklomm sie einen nach dem anderen, langsam, aber stetig. Ich spürte keine Eile. Es war hart, aber – oder vielleicht genau darum – es fühlte sich gut an. Die Wolken blieben weiter in den Bäumen hängen. Eine Pause hätte bedeutet, dass es schnell kalt werden würde, also machte ich einfach keine, bis ich in die ultimative Trail Magic stolperte. Fred traf den Nagel auf den Kopf. Er bot mir frisch gebackenes Bananenbrot und Apfelbrot an. Absolutes Seelenfutter für mich, gerade an diesem grauen, verhangenen Tag. Während ich mich des Kuchens widmete, kam Didgeridoo den Berg herunter und den Rest des Nachmittags verbrachten wir wieder zusammen. Wir erreichten den angenehm atmosphärischen Harriman State Park. Überall Bäume und weicher Waldboden, sattgrüne Lichtungen. Wir zwängten uns durch die „Zitronenpresse“ und meisterten im Anschluss einen kurzen technischen Kletterteil. Man hätte beides auch umgehen können, aber dann hätten wir nur halb so viel Spaß gehabt. Dann wurde der Trail gemächlicher. Didgeridoo blieb an einem Shelter zurück, ich ging noch ein Stück weiter. Der Abend war voller Atmosphäre. Der Nebel erzählte mystische Geschichten von Rehfamilien, deren schattenhafte Schemen ich auf Lichtungen erahnen konnte. Von Pilzen und Käfern, die die Blätter in weichen fruchtbaren Boden verwandeln, von Jungbäumen, die auf ihre Chance warten, so groß wie ihre Mama zu

Rehwild ohne Nebel.

werden. Von Eichhörnchen und Mäusen, die sich eifrig für die kälteren Monate wappneten. Von Menschen, die vor Jahren hier gewandert waren, so wie ich jetzt.

Randnotiz: – Die Mücken haben angefangen mich bei lebendigem Leibe zu verzehren. Hätte ich das Buch vor vier Jahren geschrieben, wäre dies vielleicht eine Top-Meldung gewesen. Aber ich hatte gelernt, das kein Mückenspray oder andersartige Hausmittelchen die Mücken von mir fernhalten würden. Ich habe 2018 alles versucht, jeder hatte irgendeinen Tipp, irgendein Mittelchen, wenn sie meine zerstochenen Arme und Beine sahen. Keine Chance. Oder vielleicht half es sogar bei 95 Prozent. Aber wenn es 100.000 Mücken gibt, von denen 95 Prozent von dir fern bleiben, dann schwirren immer noch 5000 um dich herum. 5000 unbeantwortete Liebesmühen. Das versetzt die Flugobjekte nicht gerade in Hochstimmung. Aber diese hier sind eigentlich nichts gegen meine Liebhaber in Schweden. Ich erinnere mich an Tage, an denen ich sie wirklich anflehte mich in Ruhe zu lassen, erfolglos versuchte vor ihnen wegzurennen, meine Wanderstöcke wie Pferde ihren Schwanz um mich schlug. Sie steckten ihren gierigen Saugrüssel sogar durch meine Regenjacke, was ich für einen Akt der Unmöglichkeit gehalten hatte. Ich glaube irgendwann habe ich mich an sie gewöhnt. So wie berühmte Leute sich wahrscheinlich irgendwann an Paparazzi gewöhnen. Vielleicht sollte ich mich mit ihnen anfreunden … Ich habe versucht sie in Kategorien einzuteilen. Harmlos aber nicht zu missachten sind die extrem winzigen Mücken. Sie beißen nicht, aber bewegen sich in großen Schwärmen und ertrinken in meinem Schweiß, meinen Augen oder meiner Nase. In einem Ameisenhaufen zu tanzen fühlt sich wahrscheinlich ähnlich angenehm an. Am heimtückischsten sind die Schnaken. Sie besitzen sechs lange Beine und einen ebenso langen „Strohhalm" an der Vorderseite. Wenn ich ganz genau hinschaute, konnte ich beinahe die Freude sehen, mit der sie ihren Strohhalm in meine Haut eintauchten und tranken. Ihr bestes Foltergerät ist gleichzeitig aber auch ihre fatale Schwäche. Viele werden erschlagen, weil sie es nicht schaffen ihren Strohhalm schnell genug wieder herauszuziehen. Leider ist es in dem Fall auch zu spät für mich und sie hinterlassen einen kleinen, dafür aber umso juckenderen Piks. Vielleicht sind sie auch selbstmordgefährdet und hassen ihr Leben. Henkersmahlzeit. Dann gibt es die Fliegen. Meiner Meinung nach die Clowns unter den Flugobjekten. Abgesehen davon, dass sie stundenlang um meinen Kopf surren, sind sie ziemlich harmlos. Der Boss der Bagage ist die Bremse. Sie verschwindet nicht wie die Mücken, wenn sie Wind oder den Luftzug eines Wanderstocks bemerkt. Sie bleibt, bis sie ihren Auftrag abgeschlossen hat. Sie stirbt lieber durch eine niedersausende Hand, als Angst zu zeigen. Als Team können sie riesige Landsäuger töten! Aber auch als Einzelkämpfer hinterlassen sie eine große, harte, schmerzhafte Beule. –

Das Erste, was ich am Morgen tun musste, war eine Vielzahl an Nacktschnecken von meinem Zelt zu schnippen. Am Vormittag schaute endlich die Sonne durch die Wolkendecke, als ich gerade auf Bear Mountain ankam, und daher dachte ich, es wäre Zeit für eine Haferflocken-Pause. Bear Mountain liegt im Bear Mountain State Park, der den Rekord für den tiefsten Punkt auf dem AT hält: 38 Metern über Null. Ich war zwar nah am tiefsten Punkt, aber der Ausblick über den dunkelgrünen Baumgipfel war prima. Ganz im Gegensatz zu 2018, als ich am höchsten Punkt des AT war und nichts sah außer grauem, feucht-kaltem Dunst. Clingmans Dome mit seinen gut 2000 Metern über Null wäre aber sowieso nicht meine Lieblingserhebung geworden. Eine Fahrstraße führte aus dem Tal hinauf und das letzte Stück mussten wir dieser Straße folgen. Autos fuhren an uns vorbei. Sie stoppten am Gipfel, rollten kurz ihre Fenster runter und fuhren dann wieder ins Tal. Wir fühlten uns, als wären wir Teil der Inszenierung. Es ist immer seltsam von verlassenen Gegenden plötzlich in gut besuchte Gebiete zu kommen. Zugegeben sind es meist nur ein paar wenige populäre Meilen, bevor es wieder stark ausdünnt. Parkplatz bis Spitze oder nur Spitze.

Nichtsahnend lief ich nach meiner Pause weiter und nach fünf Minuten wurde der Weg plötzlich zu einer Wanderschnellstraße. Schotterwege und menschengemachte Treppenstufen auf dem gesamten Abstieg nach Port Clinton. Hier war es wieder: Parkplatz zu Spitze. Massen an Menschen kamen mir entgegen, Müll säumte den Wegesrand. Ein trauriges Bild von Achtlosigkeit, dem ich versuchte so schnell wie möglich zu entkommen. Am Fuß des Berges gab es ein Freizeit- und Erholungsgebiet, einen Park, einen See. Sogar einen kleinen Zoo, durch den der Trail führte. Damit jeder, der noch keinen Bären gesehen hatte, hier sein Foto schießen konnte und allen vom heldenhaften Kampf gegen einen hungrigen Bären berichten konnte. Allerdings war der Zoo heute geschlossen. Ich musste meinen Kampf also woanders austragen. Ich traf auf einen anderen Wanderer, der mir einen Donut anbot, den ich zu seiner Überraschung ablehnte. So verzweifelt war ich noch nicht, das ich Donuts essen musste. Seine zweite Rolle Klopapier nahm ich allerdings dankend entgegen. „The Trail provides“, sagen die Wanderer dazu.

Keine Zoodurchquerung für mich.

Eine beeindruckende Brücke führte über den Hudson River. Danach wurde der Trail wieder einsam und führte einen viel schöneren Weg hinauf. Auf weichem Waldboden rollte er über die Hügel. Schnell verlor ich jedes Gefühl für Zeit und Distanz. Genussvoll ging ich einfach weiter und weiter. Als ich das erste Mal einen Blick auf meine Uhr warf, die ich immer in einer kleinen Tasche am Hüftgurt meines Rucksacks trug, war es definitiv Zeit nach einem Zeltplatz zu suchen. Es brauchte allerdings noch einige Zeit und einen heftigen Regenguss, bis ich etwas Geeignetes fand. Es war ein AT-Zeltplatz, eine gemähte Wiese nahe einer Straße, auf der schon einige Zelte standen.

I envy you, tree!
Your deep roots.
Your solid trunk.
Your graceful limbs.
Your lovely blossoms.
You are sweetest fruits nourishing earth.
Why can't I be like you?
I envy you girl!
You're beating heart.
You're free-running thoughts.
You happiest laughter.
You're untamed will
You're curious feed discovering earth
Why can't I be like you?

Der nächste Tag war wieder fantastisch. Blauer Himmel von Beginn an. Ich fühlte mich ein bisschen tatterig, aber nachdem ich meine Nuss-Mischung in meine Bauchtasche getan hatte und immer wieder daraus snackte, verging das. Gegen Mittag kam ich an einem gigantischen Ahorn vorbei. Ich schätze, er war min-

New York State in Wetter Fantastic.

destens 500 Jahre alt. Ein Lebewesen, das so viel zu berichten hätte, wenn wir nicht immer mit allem anderen als mit Zuhören beschäftigt wären. Das wir ständig nur für unsere Zwecke benutzen ohne je zu fragen, ob es auch im seinem Interesse ist. Ich dachte an einen Baum, der mitten in der Stadt steht, umgeben von Betonwänden, die Wurzeln mit Asphalt bedeckt. Fühlt er sich einsam? Vermisst er den Blick in den Wald, auf weite Felder oder üppiges Grün? Den Duft von Sonne und Regen, Blumen und Erde? Einen Freund? Ich glaube auch Menschen können in einer Welt aus Beton, winzigen Räumen und Abgasen nie ganz glücklich werden. Sie bewegen sich und gehen doch nirgends hin. Sie sind umgeben von Menschen und kreisen doch nur um sich selbst. Ich glaube, wir geben nur vor eine immer künstlichere und isoliertere Welt erstrebenswert zu finden. Und ich glaube, Bäume fühlen auch. Aber in unserer anthropozentrischen, individualistischen Welt juckt uns das nicht. In einem System, in dem Funktion, äußere Erscheinung und der Inhalt des Bankkontos mehr Aufmerksamkeit bekommen als Zufriedenheit, Natürlichkeit, Liebe und Freiheit. Ich wünschte, ich könnte die Sprache der Bäume verstehen. Vielleicht waren dies aber auch die Gedanken des alten weisen Ahorns, unter dem ich eine Weile saß ...

Am späten Nachmittag stieß ich auf Brian, einen gesprächigen Waldpfleger. Nur mit einer Handsäge ausgestattet, hatte er es sich zum Ziel gemacht, einen ziemlich dicken Ast vom Weg zu entfernen. Es tat ihm so leid, dass er weder Getränke noch Snacks übrig hatte, die er normalerweise an alle Wanderer verteilte, die vorbei kamen, wenn er auf dem Trail arbeitete. Leute wie Brian verdienen ein riesiges Dankschön! Ich kann dieses Abenteuer nur erleben, weil sie bereit sind, den Weg zugänglich und sicher zu halten. Auch wenn das heißt, dass sie mit schwersten Gerätschaften wandern oder wie Brian stundenlang mit einer Handsäge an einem Ast herumdoktern. Sie arbeiten bei Hitze und bei Regen. Und das alles, weil sie wollen, dass wir Wanderer den Trail genießen können. Der Appalachian Trail Conservatory Corps schätzt, dass jedes Jahr Freiwillige der 31 Bergvereine um den AT circa 240.000 Arbeitsstunden auf dem Trail verbringen. Außerdem erneuern sie immer wieder die rund 165.000 weißen Wegmarkierungen, damit niemand sich verläuft. Die AT-Markierung, ein weißes etwa sechs mal zwanzig Zentimeter langes Rechteck findet man auf Bäumen, Steinen und an Straßenüberquerungen. Nicht selten freute ich mich riesig über die Entdeckung einer solchen Markierung, die mir als mein „Confidence-Marker“ zeigte, das ich wirklich noch auf der richtigen Spur war. Sieht man ein einzelnes Rechteck heißt das, man folgt dem Weg einfach weiter. Sind zwei übereinander angeordnet bedeutend das: Sei wachsam, es kommt nach kurzer Zeit etwas Interessantes, ein Seitenweg kreuzt oder der Weg macht eine Kurve. Sind die beiden Markierungen leicht versetzt, so macht der Weg eine Kurve in die Richtung des oberen Rechtecks. Ich gebe zu, ich habe ein bisschen gebraucht, diese doch sehr cleveren Hinweise richtig zu deuten. Außer in den Wilderness Areas sind die Markierungen ziemlich regelmäßig zu sichten. Und trotzdem fand ich mich immer mal in der Situation wieder, in der ich mit zunehmender Unruhe nach dem nächsten Marker Ausschau hielt. Wann hatte ich eigentlich die letzte Markierung gesehen? Ich war so in meine Tagträume vertieft gewesen, dass ich nicht mehr sagen konnte, wann ich an einer Markierung vorbei gekommen war. Gesehen hatte ich sie vielleicht, aber definitiv nicht wahrgenommen. War ich überhaupt noch richtig? Hatte ich eine Abbiegung übersehen? Einen Nebenweg missachtet? Die nächste Markierung, die dann auftauchte, wurde von mir in den Himmel gepriesen, ich konnte ihr gar nicht oft genug sagen, wie glücklich sie mich machte. Und dann hatte ich gelacht und war wahrscheinlich wieder ins Tagträumen verfallen und das Ritual hatte sich kurze Zeit später wiederholt. Ernsthaft verlaufen habe ich mich wirklich selten.

Das Ziel war am Telephone Pioneer Shelter erreicht und dort hatte einen entspannten Abend mit zwei älteren Herren verbracht. Sie waren für ein paar Tage gemeinsam auf dem Trail in entgegengesetzter Richtung unterwegs. Am Morgen gaben sie mir sehr ehrliche und ermutigende Worte mit auf den Weg: „Mädchen, du machst das, du hast die richtige Einstellung“.

Nach einem kurzen Aufwärmen durch den Wald erreichte ich ein grasiges Feuchtgebiet. Von den überhängenden Gräsern tropfte noch der Morgentau und meine Füße waren innerhalb von Sekunden klitschnass. Ich lief auf einem Holzsteg durch meterhohe Schilfpflanzen. Das Licht der Sonne spiegelte sich in jedem kleinen Wassertropfen in der Luft, an den Spinnweben verbanden sie sich zu schillernden Tränen. Wie unterschiedlich doch jeder Wanderer einzelne Teile erlebte. Wie unterschiedlich jeder von ihnen berichtete. Tageszeit, Wetter, unsere Laune, unsere Gedanken, unsere Energie, was wir am Morgen gegessen

Trail-Makierungen

oder nicht gegessen haben, die Menschen an unserer Seite – all dies beeinflusst unser Erleben und unsere Erinnerung. Eine andere Wanderin wird am Nachmittag durch dieses Gebiet gehen. Ihre Füße werden trocken bleiben, aber da es der Sonne komplett ausgesetzt ist, wird sie in der Schwüle wahrscheinlich schwitzen. Der Aufstieg auf einen Berg fühlt sich anders an, wenn man vorher gegessen hatte oder nicht. Steine hüpfen ist eine andere Herausforderung, wenn die Steine trocken sind, als wenn sie nass sind. Der Wald sieht bei Sonne und Regen unterschiedlich aus. Man nimmt andere Dinge wahr, wenn man sich gerade nach einem Campspot für die Nacht umschaut oder wenn es mitten am Tag ist, wenn man im dichten Nebel oder im klaren Sonnenschein läuft. Es gibt kein besseres oder schlechteres Erlebnis. Jeder erlebt Dinge anders. Keine Wanderung kann mit der eines anderen verglichen werden. Das Erlebnis gehört dir allein.

Im Wald danach war der Weg tatsächlich steinfrei und ermunterte mich zu einem Hiker-Shuffle. So nannten Salty und ich die Technik, bei der wir auf einem leicht abfallenden Stück in ein Fast-Rennen verfallen. Die Technik braucht man nur, wenn man wie wir einen schweren Rucksack auf dem Rücken trägt. Es sieht wohl ein bisschen so aus wie in einem Comic, wo sich nur die Beine bewegen und der Rest immer nur die Kopie des vorherigen Bildes ist, vielleicht albern, aber höchst effektiv und witzig. Manchmal braucht es etwas Abwechslung in der Geschwindigkeit. Fast wäre ich an einer riesigen Kühlbox vorbei geshuffelt. Doch im letzten Moment klingelten meine Alarmglocken, die eine Möglichkeit erkannten, mein Bedürfnis nach einem kühlen Getränk zu befriedigen. Einem sehr kühlen Getränk sogar. Chris' Trail Magic kam genau richtig. Er musste die Box erst vor Minuten dort hingestellt haben, die Eiswürfel hatten noch nicht einmal angefangen zu schmelzen. Ich wünschte, er hätte mein Gesicht gesehen, als ich den ersten Schluck nahm!

Kurze Zeit später übertrat ich die Grenze nach Connecticut. Nur um für einen ziemlich steilen Anstieg kurz wieder nach New York zu hüpfen und dann ein zweites Mal in Connecticut zu starten. Den wunderbar weichen Waldboden hätte ich mehr genossen, wenn der Weg nicht durchgehend auf und ab geführt hätte. Immer wieder suggerierte er mir, dass es jetzt wirklich ins Tal ging, um dann doch wieder aufwärts zu führen. Jetzt? Nein, wieder hoch … Vielleicht jetzt? Nein, nochmals hoch. Es entzog mir jegliche Energie. Irgendwann traf ich einen anderen Wanderer namens Duckie, der wusste, dass dies nun wirklich der letzte Abstieg wäre. Und als hätte der Trail ein schlechtes Gewissen, wurde mir an der Straße sofort eine Fahrt zum Supermarkt in Kent angeboten.

Dort ging alles etwas zu schnell für mich. Sofort folgte ich Duckie in den Laden, obwohl ich eigentlich unbedingt meine Schuhe gegen Flip-Flops tauschen wollte. Ich vergaß, dass ich mein Handy aufladen wollte. Ich war überfordert mit all den Optionen. Und als ich es endlich geschafft hatte, meinen Korb zu füllen, stand Brian vor mir und lud mich ins Restaurant ein. Weil er doch gestern nichts für mich hatte. Danach würde er mich zum Trail zurückfahren. Mit dieser weiteren Option war ich vollends überfordert und lehnte sein Restaurant-Angebot ab, war aber für den Shuttleservice dankbar. Vielleicht hätte ich zugestimmt, wenn ich ihn zehn Minuten früher getroffen hatte, als mein Korb noch leer war und ich dem Entscheidungen-Treffen noch nicht so müde gewesen war. Na ja, ich aß danach zu schnell, ohne echten Genuss, ein Stück von Brians Pizza, ein Stück Wassermelone, gefolgt von Crackern, die nicht mehr alle in meinen Ursack passten, gefolgt von mehr Wassermelone. Ich hörte gerne zu, wie sich Brian und Duckie unterhielten, aber ich kann mich immer nur auf eine Sache konzentrieren. Zuhören oder meinen Resupply organisieren oder das Essen genießen. Der Essenspart kam definitiv zu kurz. Bevor ich mich versah, war ich wieder auf dem Trail und tadelte mich dafür, Brians Angebot nicht angenommen zu haben, viel zu hektisch und planlos durch den Supermarkt marschiert zu sein. Es entwickelte sich eine ernste Diskussion zwischen den Stimmen in meinem Kopf, die natürlich von der negativen dominiert wurde. Negativ schreit immer über alle hinweg, springt manisch auf und ab, um die meiste Aufmerksamkeit zu ergattern. Aber irgendwann verlor sie ihre Energie und auch die anderen Stimmen bekamen eine Chance. Und ich vergab mir. Der Trail honorierte meine Nachsicht, gab mir Freude auf meiner Abendwanderung, ließ mich an einem kleinen Bach Halt machen und meine Füße und Waden im eiskalten Wasser entspannen. Und dann pushte er mich den kompletten Aufstieg zu Caleb's Peak, wo ich einen magischen Zeltplatz fand. Die Sonne ging gerade unter, ein roter Ball am fernen Horizont, die Vögel spielten die passende Musik. Ich glaube, meine Entscheidung war genauso richtig, wie wenn ich es angenommen hätte. Wie hatte Didgeridoo es nochmal gesagt? Stop shoulding on yourself! Hör auf dich mit „hätte, wäre" zu bewerfen! Recht hat er!

Caleb's Peak.

Ich durfte Zeuge eines prächtigen Sonnenaufgangs werden. Ich saß auf einem bereits warmen Stein neben meinem Zelt und genoss mein Erdnussbutter-Zimt-Bananen-Pumpernickel. Anscheinend hatte ich doch ein paar weise Einkäufe getätigt. Dann begann mein Tag mit einem sehr (!) steilen Abstieg, gefolgt von einem langen, beruhigenden Spaziergang am Housatonic River entlang. Niemand war hier, dabei war es Sonntag und der Abschnitt perfekt für einen Lauf. Ich wäre jetzt gerne hier gewesen mit meinen Laufschuhen und meiner Lieblingslaufpartnerin. Gemeinsam würden wir über den Trail cruisen, schnacken und lachen, die gemeinsame Zeit genießen, so wie wir es immer getan hatten. Bri und ich. Wir wuchsen zusammen. Ich vermisste sie so sehr und ich vermisste die Läuferin, die ich neben ihr war …

Meine Füße waren Künstler. Malten Meilen in den Straßen.

(von meiner Freundin Naomi)

Ich hatte damals das Glück ein Sportstipendium für Cross Country und Track an einem kleinen College mitten in Missouri zu bekommen. Ich studierte und trainierte dort zwei Jahre lang. Ich studierte alles, worauf ich Lust hatte, und rannte alles, was ich konnte. Es war die beste Entscheidung, die ich je getroffen hatte.

Ich hatte den besten Trainer und das beste Team und ein immer unterstützendes College. Ich versuchte so viel ich konnte zurückzugeben, ich wollte niemanden enttäuschen. Am meisten liebte ich die Conference, den Regionalentscheid, bei dem man je nach Platzierung Punkte für das Team sammelt. Jeder feuerte jeden an. Das Vertrauen in meinen Coach und das Zugehörigkeitsgefühl im Team ließ mich all den Schmerz ertragen. Tatsächlich wurde der Schmerz in dieser Kombination zu Freude, zu Liebe.

Bei Nationals verschiebt sich der Fokus mehr auf das Athleten-Trainer-Team, da es kein Teamranking gibt. Ich erinnere mich, das ich einmal einen wirklich schlechten Wettkampf bei den Nationals hatte. Ich war so enttäuscht, weil ich in meinen Augen meinen Coach hängen gelassen hatte. Ich hatte es nicht geschafft ihn glänzen zu lassen. Ich wollte, dass er mich anschrie, aber das tat er nicht. Ich wollte dass er sauer auf mich war, aber das war er nicht. Er war einfach still. Ich spürte seine Enttäuschung. Tagelang konnte ich ihn nicht in die Augen schauen, weil das Gefühl von Scham zu mächtig war. Mein Herz fühlte sich gebrochen an. Als wir endlich darüber redeten, verstand ich, dass er genau die gleichen Gefühle gehabt hatte. In seinen Augen hatte er mich hängen lassen, er hatte mich nicht gut genug vorbereitet, um zu glänzen. Und wie ich konnte er sich das nicht verzeihen. Da verstand ich, dass wir wirklich ein Team waren. Wir machten beide Fehler, aber wir versuchten immer unser Bestes. Und das war, was zählte. Wir vertrauten dem anderen, weil wir wussten, dass der andere das Beste gab. Und es machte uns beide traurig, wenn derjenige, der uns etwas bedeutet, der Welt nicht sein ganzes Licht zeigen konnte. Ich wünschte, wir hätten noch mehr Zeit und Chancen gehabt nebeneinander zu glänzen.

Laubwald von Connecticut. Hier ein Raupenfreier Teil.

Nach einer guten Weile knickte der Trail ab und führte in den typischen Laubholz-

Wald von Connecticut. Momentan war dieser extrem licht. Raupen waren dabei, die kompletten Baumkronen aufzufuttern. Und nun krochen sie alle an den Stämmen herunter. Wenn ich genau hinsah, waren die Stämme mit den Viechern geradezu übersät. Ich machte einmal den Fehler eine dieser Raupen zu berühren, was mich in Zukunft davon abhielt, die Stämme für Balance und Unterstützung zu nutzen. Meine ganze Hand war voller kleiner juckender Härchen. Wie als ich klein war und mein Knie mit einem heruntergefallenen Kakteenblatt Bekanntschaft machte. In mühevollster Kleinarbeit zog meine Mutter mir jeden einzelnen kleinen roten Stachel aus dem Knie, so wie ich jetzt jedes einzelne Härchen aus meiner Hand entfernte. Abgesehen von meinem Raupenunfall fühlte ich mich ziemlich gut und entspannt. Ich musste nirgendwo ankommen, nirgendwo sein. Ich lief einfach auf und ab. Langsam und stetig. Ich nahm mir die Zeit meine Füße ins Wasser zu halten, zu essen, zu lesen, zu hydrieren. Ich fand ein Shelter, an dem ich eine kleine schattige Pause machte. Seit zwei Tagen hatte sich hier niemand ins Gästebuch eingetragen. Ich wunderte mich, wo all die Wanderer waren. Nicht an meinen Zeltplätzen zumindest. Okay, zugegebenermaßen war mein überragender Zeltplatz auf Caleb's Peak ziemlich illegal gewesen. Aber man kann Regeln nur brechen, wenn man sie auch kennt, oder? Wie ich herausfand, ist es in Connecticut Pflicht, dass Wanderer nur die offiziellen Shelter und ausgewiesene Zeltplätze nutzen. Zu meiner Überraschung blieb ich auf meinem heutigen Zeltplatz aber auch allein, obwohl die Belter Mountain Campsite diesmal sicher eine offizielle war.

Ich werde gerne irritiert.
Es zwingt mich, mich mit meinen Werten,
Einstellungen, Meinungen und Vorurteilen
auseinanderzusetzen.

(von Elena, der Besten)

Ich dachte schon, sie wären eine bedrohte Art, aber dann traf ich tatsächlich auf andere Wanderer. Und deren Erfahrung der letzten Nächte war so komplett konträr zu meiner. Volle Shelter, überfüllte Zeltplätze. Ich war ziemlich zufrieden, aus dem Rhythmus zu fallen. Der blaue Himmel am frühen Morgen wurde bald durch dichte graue Wolken ersetzt. Sanfter Nieselregen wurde bald zu Starkregen. In einer kurzen Regenpause traf ich auf Hey Squirrel und gemeinsam machten wir uns an den Aufstieg auf Mount Lions Head. In dem Moment, als wir das letzte Stück hinaufgeklettert waren, startete der Regen erneut. Der gesamte Weg über den Kamm nach Bear Mountain wurde zu einem Fluss. Hey Squirrel meinte, dass er gerne um den Mittag herum seine Füße ins Wasser hielte. Ich stimmte ihm zu, merkte jedoch an, dass ich im Regelfall dafür die Schuhe ausziehen würde. Wir lachten und plantschten weiter durch den Fluss.

Auf dem AT gibt es alle möglichen Challenges. Ich meine nicht die alltäglichen Herausforderungen wie einen Schlafplatz oder Wasserquellen zu finden, seine Schuhe trocken zu bekommen, allen Wettern ausgesetzt zu sein oder gleichbedeutend 16-mal den Mount Everest hinauf und herunter zu marschieren … oder wie Sharky es ausdrückte: Jeder kann x Kilometer in einer bestimmten Zeit zurücklegen. Die Herausforderung ist es, sich widerlich verdreckt, nass und verschwitzt tagelang selbst auszuhalten.

Trotz alledem ist es ein Teil der Fernwanderkultur in den USA ein paar weitere Challenges auszurufen. Die meisten dieser extra Herausforderungen haben in irgendeiner Weise damit zu tun, wie viele Meilen man am Stück schafft. So wie die „Connecticut Challenge", für die man versucht den gesamten Staat (etwa 52 Meilen oder 83 Kilometer!) an einem Tag zu durchqueren. Für die „Four State Challenge" muss man von Virginia über West Virginia und Maryland die Grenze nach Pennsylvania innerhalb von 24 Stunden erreichen, was etwa 44 Meilen (70 Kilometern) entspricht. Dann gibt es noch die „24 Hour Challenge", die man überall machen kann, Hauptsache man wandert 24 Stunden am Stück und schaut, wie weit man kommt. Manche verlangen etwas andere Talente: Für die „Half Gallon Challenge" in Pine Groove muss man knapp zwei Liter Eiscreme vertilgen und in sich behalten. Dann bekommt man sie umsonst. Sogar Schnelligkeitsrekorde werden hier aufgestellt. Für die „24/24/24" Challenge hat man 24 Stunden Zeit, um 24 Meilen zu wandern und dabei 24 Bier zu trinken. Doch die Challenge, der Hey Squirrel sich gestellt hat, war ganz anders. Der 21. Juni ist der offizielle „Hike naked day", also der Tag des Nacktwanderns. Nicht viele Wanderer bringen hierfür den Mut auf, ich inklusive. In der Tat hatte ich an diesem Tag niemanden gesehen, der nackt wanderte. Hey Squirrel auch nicht, nur dass er selbst nackt war. Er meinte, für ihn verdiene dieser Tag wirklich den Stempel „Challenge", weil er ihn an die absolute Grenze seiner Komfortzone trieb. Es triggerte eine seiner größten Ängste: nicht dazu zu passen. Als homosexueller mittelalter Mann begleitete ihn der Kampf um soziale Akzeptanz bestimmt schon länger. Vielleicht sogar bis heute. Er erzählte mir, dass der Start am schlimmsten war. Mit jeder Stunde gewann er an Selbstbewusstsein und es wurde ihm zunehmend egal, was andere dachten. Am Ende des Tages war er stolz auf sich und gleichzeitig freute er sich am nächsten Tag wieder etwas anzuziehen. Ich habe höchsten Respekt vor Hey Squirrel, die Hike Naked Challenge gemeistert zu haben. Persönlich habe ich keine dieser Challenges überhaupt versucht, aber diese wäre mir als Letztes in den Sinn gekommen!

Am Nachmittag wurden die Regenwolken durch eine schüchterne Sonne ersetzt. Ich verpasste beinahe das Schild, das mich auf die Grenzlinie zwischen Connecticut und Massachusetts hinwies. Massachusetts begrüßte mich mit einem langen, angenehm stetigen Anstieg, einigen offenen Felsenriffen, die wie meine Schuhe beinahe schon wieder trocken waren. Am frühen Abend fand ich mich plötzlich auf einem Anstieg, der mir echt den Zahn zog oder eher meine Waden. An der Spitze verriet mir ein kleines Schildchen den Namen meines Wadenfolterers: Mount Everett. Wenigstens hatte er einen Namen, das hieß doch, dass er kein kompletter Niemand war. Während ich mich noch vom Anstieg erholte, lief ich auf der anderen Seite schon wieder nach unten und war überrascht, wie schnell das Shelter auftauchte. Irgendwie hatte ich heute kein Zeitgefühl. Der Tag flog einfach vorbei. Zur optimalen Abendessenszeit hatte ich mein Zelt nahe dem oberen Shelter aufgestellt. Am unteren schien eine größere Gruppe Spaß zu haben, aber hier oben waren nur ich und Johannes.

Ich glaube, es war für mich genau richtig, wenig zu planen, Karten und Höhenprofile nicht im Detail zu studieren. Dadurch erwartete ich auch nichts. Weder konnte ich mich den ganzen Tag vor Mount Everett grausen, noch konnte ich von einem Abschnitt enttäuscht werden, der auf der Karte so einfach aussah, sich aber als sehr mühselig herausstellt. Erwartungen kosten uns nur unnötig Sorgen und Ängste und Enttäuschungen, die man sich sparen kann, wenn man gar keine hat. Genau wie Schuld und Was-wäre-wenns sind Erwartungen einfach Energiediebe!

Mein erster Morgen in Massachusetts war herrlich. Ich wanderte auf der sonnenbeschienen Seite des Berges abwärts ins Tal. Dort empfing mich die Trail Magic der Christ Trinity Church of Sheffield. In den Sommermonaten sind sie jeden Tag in ihrem kleinen Pavillon, grillen Burger und Bohnen-Bratlinge, haben Kuchen, Obst und ein paar Snacks für die Wanderer. Mal wieder war ich tief gerührt davon, wie viel Freundlichkeit und Unterstützung ich auf dem Trail fand. Ich konnte nie ganz glauben, dass Fremde an den Trail fuhren, um mich auf meinem Weg zu unterstützen, sogar durch mich inspiriert waren. Ich fühlte mich nicht sehr besonders. Ich war nur ein Mädchen, das jeden Morgen irgendwo zwischen Bäumen in seinem Zelt aufwachte, seinen Rucksack auf den Rücken packte und loslief, um einen Spaziergang zu machen.

Aufgetankt mit frischer Wassermelone wanderte ich weiter durch die Sheffield Plains, die sich als Himbeer-Paradies entpuppten. Außerdem probierte ich eine neue schmackhafte Beere. Sie sah aus wie eine Himbeere, war aber schwarz und ihr Geschmack erinnerte mich ein wenig an den Grape-Flavor (nur ohne den künstlichen Beigeschmack). Auf meinen Beerenschmaus folgte mehr Wald, keine Aussichten, keine anspruchsvollen Aufs und Abs. Zwischendurch flirtete der Trail mit meinen Füßen und führte mich über herabgefallene Kiefernnadeln. Dann endete der Tag eher abrupt, da Massachusetts die gleichen Übernachtungsanforderungen stellte wie Connecticut. Also hatte ich die Wahl zwischen 500 Metern abseits des Weges zum North Mt. Wilcox Shelter oder 6,4 weiteren Trail-Kilometern zum nächsten Shelter. Ich entschied mich für die 500 Meter. Rational klingt das natürlich nach nichts, insbesondere wenn man bedenkt, wie viele Meilen ich pro Tag zurücklegte, und doch fühlten sich solche Abseitskilometer immer irgendwie blöd an. Keine Diskussion. Vor allem dann, wenn am Ende der 500 Meter vier Leute vor dem Shelter saßen und mir recht klar zu verstehen gaben, dass ich eigentlich nicht mehr Willkommen war. Dieser Gesinnung begegnete ich glücklicherweise extrem selten. Also akzeptierte ich ihr Verhalten, ihren Raum und schlug mein Zelt einfach in möglichst weiter Entfernung zum Shelter auf, bereitete mein Abendessen vor und schaute den Wolken beim Wandern zu.

John Muir, der Gründervater der National Parks in den USA, hat mal gesagt: „Habe keine Angst davor, allein zu laufen. Habe keine Angst davor, es zu mögen."

Ich mag es wirklich. Es vergnügt mich meine Gedanken zu beobachten. Sie sind wie kleine Kreaturen, die den Raum hinter meiner Stirn betreten. Sie haben unterschiedliche Herkunft. Manche kommen aus dem Bauch, manche aus dem Herz, manche aus den Füßen, andere aus dem Kopf, manche von anderen Menschen und manche von irgendwo ganz weit weg. Manche schauen nur einmal vorbei, andere immer wieder. Manche sind hübsch, andere schüchtern, sie verschwinden gerne, wenn man sie zu auffällig betrachtet. Manche haben richtig schlechte Laune und ich will sie am liebsten sofort bitten wieder zu gehen. Manche sitzen dort für eine lange Zeit, bis man sie bemerkt. Andere betreten den Raum mit Trommeln und Trompeten. Manche mögen es, wenn man mit ihnen spielt, sie hochwirft, dreht, dehnt. Wieder andere sitzen bewegungslos, aber beharrlich. Manche bringen gerne Freunde mit und haben Spaß gemeinsam, andere werfen jeden anderen raus, sobald sie den Raum betreten. Sie können einem ziemlich auf die Nerven gehen und frustrieren. Sie fordern unsere gesamte Aufmerksamkeit ein. Auch wenn ich mich dem eine Zeit lang widersetze, sie sind hartnäckig und unerbittlich wie ein schreiendes Kind. Wenn so einer meinen Raum betreten hat, bin ich meist gut damit beraten, für eine Weile jemanden zum schnacken zu finden, laut zu singen oder ein Nickerchen zu machen. Manche dieser Männeken verstecken sich oder verformen sich bis zur Unkenntlichkeit. Sie lieben Rätselspiele. Nur lösbar mit Zeit, Geduld und Hingabe. Ich glaube, mein Raum hat ein besonderes Feature: eine Jukebox. Allerdings ein ziemlich altes Modell. Sie hängt oft und endet in einer Dauerschleife. Manche Gedanken machen gerne Schabernack, und während ich gerade neugierig einen ihrer Freunde durch den Raum verfolge, schalten sie blitzschnell den alten Kasten an und aus dem nichts singe ich plötzlich „Eine Insel mit zwei Bergen". Manchmal bleiben die Schlingel, während die Musik läuft und manchmal hauen sie mit ihren Freunden ab. Nur das Lied läuft weiter in Dauerschleife. Also Daumen drücken, dass es ein ordentlicher Song war (meistens ist es das leider nicht). Manche der Männeken sind eigentlich Erinnerungen. Sie spielen gerne Musik. Oft nostalgische und schöne (komplexer als die aus der Jukebox). Manche dieser Kreatürchen sind uralt und ich will sie eigentlich am liebsten vorgestern loswerden, aber sie sind wie alte Mietverträge. Schwer aufzulösen. Ich habe mehr und mehr gelernt sie mit Neugier und Interesse zu betrachten, anstatt sie direkt in eine Kategorie abzuschieben und zu bewerten. Alle Versuche sie zu verändern oder ihnen zu beweisen, das sie falsch liegen, führten meist nur dazu, dass sie sauer wurden. Wie alte Leute eben manchmal denken. Es ist wohl das Beste, sie freundlich abzunicken, wenig zu streiten und meine Meinung für mich zu behalten. Damit meine ich aber nicht Resignation und ich sage auch nicht, dass man sie tolerieren muss. Ich meine, sie für den Moment zu akzeptieren, sonst rauben sie einem nur den Frieden. Es ist mein Raum. Am Ende mache ich die Besuchsregeln.

Eine Insel mit zwei Bergen
Und dem tiefen, weiten Meer.
Mit viel Tunnels und Geleisen
Und dem Eisenbahnverkehr
Nun, wie mag die Insel heißen?
Ringsherum ist schöner Strand.
Jeder sollte einmal reisen
In das schöne Lummerland.

(Manfred Jenning –
Eine Insel mit zwei Bergen; Lummerlandlied)

Ein Mit-Wanderer hatte mir gestern empfohlen bei Goose Pond zu stoppen. Eine spendenbasierte Wanderhütte mit einer großen Wiese zum Zelten, frisch gebackenen Pfannkuchen am Morgen: toller See, tolle Stimmung, tolle Leute, meinte er. Am Morgen war Goose Pond mein ernsthafter Plan. Es war nicht so weit und irgendwie fühlte ich mich energielos und hungrig. Als ich schon am frühen Vormittag eine famose sonnenbeschienene Bank entdeckte, entschied ich mich für eine frühe Pause und ein frühes zweites Frühstück. Gestärkt machte ich mich auf den Weg, der heute nur noch zwölf Kilometer betragen sollte. Doch schnell verlor ich wieder jegliche Energie. Und manchmal, wenn wir alles gegeben haben, was wir können, kommt die Welt und erledigt das, was wir nicht können. In diesem Fall setzte sie Flatpick und Rocker auf meinen Weg. Im wahrsten Sinne des Wortes. Als ich Flatpick sah, saß er auf einem Baumstumpf und spielte Gitarre. Er hatte eine spezielle Wandergitarre, die er an seinem Rucksack befestigte und der er seinen Trailnamen verdankte. Und wie für mich so üblich, löste sich mein Plan, aber auch meine Müdigkeit in Luft auf. Wir wanderten gemeinsam, schnackten über Gott und die Welt, lachten, hüpften kurz in den See, an dem

Rocker auf Flatpick gewartet hatte, und marschierten dann an dem Schild vorbei, das nach links zur Hütte, meinem ursprünglichen Ziel, wies. Stattdessen lief ich also mit den beiden bis zum October Mountain Shelter. Vielleicht hatte es Rocker und mich im Stillen gelockt. Sie wird an dem Tag im Oktober heiraten, an dem ich Geburtstag habe. Das Shelter und viele Campspots waren bereits mit einer Gruppe Pfadfindern belegt, doch am hintersten Ende fand ich neben French Toast noch einen Platz für mein Zelt. Flatpick und Rocker gesellten sich zum Abendessen zu uns. Dann sangen wir gemeinsam zu Flatpicks Gitarrenspiel, bis uns die hungrigen Mücken in unsere Zelte trieben.

Es war manchmal schwierig hier draußen, so wie es wohl überall mal sein kann. Hier war es vielleicht nur nicht so einfach der unangenehmen Situation zu entkommen. An manchen Tagen bestand die schwierigste Aufgabe darin, den Mut zu haben, meinem Herz zuzuhören oder den Gedanken, Erinnerungen und Ideen in meinem Kopf ausgesetzt zu sein. Vielleicht traf ich deshalb auf Menschen, deren größtes Problem war, dass ihr Ladegerät kaputt war oder dass sie mitten im Wald keinen Mobilfunk bekamen. Weil uns diese Sachen halfen, mit dem „Außen" beschäftigt zu sein. Mit Kilometerzählen und Durchschnittsgeschwindigkeiten, Vergleichen, mit Planen, Hostel-Bewertungen, Optionen im Ort, Kommentaren zu Ausblick und Wasserquellen, der Wettervorhersage und den Nachrichten, mit Musik hören und Videos gucken und telefonieren. Für mich fühlte es sich so an, als wären mein Handy, das weder Internet noch Funkempfang hatte, und meine nur kleine Powerbank im Grunde Luxus. Ich konnte all diese erwähnten Dinge nicht tun oder ich musste diese Dinge nicht tun. Oder vielleicht am wichtigsten: Ich musste mich nicht dagegen entscheiden, diese Dinge zu tun. Ich glaube, ich sparte dadurch sehr viel Entscheidungs- und Willensenergie. Ich benutzte mein Handy ab und an, um das GPS zu überprüfen oder in Gebieten mit schwierigen Wasserverhältnissen die nächste Quelle zu finden. Ich genoss es auch an Orte mit WIFI zu kommen, um immer mal wieder von Freunden zu hören bzw. von mir hören zu lassen. Ich erlebte das warme Gefühl, nach Wochen der Abstinenz ein Lied zu hören. Das Handy und all die mit ihm verbundenen Möglichkeiten verloren ihre Dringlichkeit. Ich plädiere hier nicht für die Ablehnung von Technologie, sondern dafür auf unsere Gewohnheiten zu schauen, zu beobachten, wie sie uns fühlen lassen bzw. was sie uns nicht fühlen lassen, was es uns „zwingt" zu tun und zu lassen. Ich glaube, es ist wertvoll, dass der Trail zu lang ist, um selbst mit Telefon immer entfliehen zu können und beschäftigt zu sein. Irgendwann hört man das Herz doch. Und dann muss man den Mut aufbringen zuzuhören und vertrauen, dass es Schönheit hervorbringt, wenn man ihm Zeit gibt. Auch wenn der Weg dorthin oft ziemlich schwer ist.

*Ich glaube, Erfolg kann nicht immer an Zahlen,
Zeiten, Einkommen, Besitz, erledigten Aufgaben,
besuchten Orten, gemachten Plänen gemessen werden.
Vielleicht ist er auch Pause machen,
Dinge unerledigt lassen, zu vergeben, Schwäche zu zeigen,
nach Hilfe zu fragen
und mit dem Moment zufrieden zu sein.*

Die Übernachtungssituation in Massachusetts erwies sich zunehmend knifflig. Es schien, als seien die Plätze entweder sehr dicht beieinander oder sehr weit entfernt, was dazu führte, dass man sich manchmal entscheiden musste, den Tag etwas langzuziehen oder kurz zu halten. Meine Standard-Entscheidung wäre wahrscheinlich ersteres gewesen, aber es tat mir gut, dass Flatpick und Rocker mich quasi von Option zwei überzeugten. Ein Tag mit wenigen Meilen, zusätzlichen Essensstopps und viel sozialer Interaktion war eine Energietankstelle. Zuerst rasteten wir auf der Blueberry Hill Farm. Ein unter AT-Wanderern beliebter Pausenort, auch bekannt als der Cookie Lady's Place. Es gibt hier nämlich immer frische Kekse und, wenn die Besitzer zu Hause sind, auch frische Limonade im Austausch gegen eine kleine Spende und einen Eintrag in deren persönliches Gästebuch. Ich machte auf dem sattgrünen Rasen ein wenig Yoga, genoss es, dass sich um mich herum alle fröhlich unterhielten. Manchmal ist es auch angenehm in einer größeren Gruppe zu sein, dann kann ich einfach nur zuhören und muss nicht selbst reden. Als Flatpick und ich uns wieder auf den Weg machten, um Rocker einzuholen, kamen wir nicht weit, bevor uns frisch gebackene Pfannkuchen stoppten. Ein Hüne von einem Mann fummelte etwas unbeholfen mit einer Pfanne auf der Ladefläche seines Pick-ups herum. Die Pfanne wirkte zu klein für seine großen Hände, aber es war so viel Hingabe und Freude in seinem Tun. Seine Vollkorn!-Pfannkuchen mit Heidelbeeren und Banane füllten Magen und Seele. Rocker trafen wir in einem – dem einzigen – Café in Dalton, wo wir einfach ein bisschen herumhingen, jeder ein paar Nachrichten schrieb, auf einem Stuhl saß und nichts tun musste. Ich gönnte mir einen eiskalten Beerensmoothie und Rocker schenkte mir einen gigantischen Hafer-Cookie! Sie meinte, sie hätte die kurze Enttäuschung in meinem Gesicht gesehen, als es heute nur Schokoladenkekse bei der Cookie-Lady gab. Jetzt wäre es für sie viel schöner mein beseeltes Gesicht zu sehen, als den Cookie selbst zu essen! Ich werde sie vermissen – ihre Ruhe, die Art, wie sie sich die Freuden aus Trail und Stadt zu eigen macht, ihre Zufriedenheit mit ihrer gemächlichen Art zu wandern und dem gleichzeitigen unerschütterlichen Versprechen an sich selbst, irgendwann alle Meilen belaufen zu haben.

Erfrischt durch ein paar Amüsements unserer Zeit liefen wir drei zur Crystal Campsite, wo wir ATP und Don Junior wiedertrafen. Beim Pfannkuchen-Jeep hatten Flatpick und ich uns mit den beiden unterhalten, deren Trailabenteuer gerade begonnen hatte und ihnen dann tatsächlich ihre Trailnamen verpasst. Zu fünft machten wir uns einen wundervollen musikalischen Abend. Flatpick und Don Junior wechselten sich an der Gitarre ab und waren definitiv auch die talentierten Sänger in unserer Gruppe. Ach, Musik, pures Glück.

Meine Crew singend am Silver Creek Camp

Ich erinnere mich an einen Abend im Jahr 2018, als mir die Kraft der Musik ebenfalls bewusst wurde. Es war kein einfacher Tag gewesen. Grau und regnerisch, so wie sich North Carolina für uns meistens präsentierte. Am späten Nachmittag sollten wir Bald Mountain überqueren. Andere Wanderer schwärmten von diesen offenen Bergkuppen mit ihren Aussichten und Wildblumen. Da war bestimmt was dran, aber nicht für uns. Als wir den Schutz der Baumkronen gerade verlassen hatten, fing auf einmal der Starkregen an, Wind klatschte uns das Wasser ins Gesicht. Der Nebeldunst wurde so dicht, dass ich die Sicht auf Salty verlor. Er war da irgendwo vor mir, aber ich fühlte mich plötzlich komplett allein. Ohne Menschen, ohne Orientierung. Und dann wurde mir kalt. Und dann bekam ich Angst. Panische Angst. Zitternd und heulend tat ich das einzige, was ich noch wusste, was ich immer tun konnte: weitergehen. Ich lief irgendwann auf Salty auf, er gab mir eine schnelle Umarmung und zwang mich dann aber weiter. Eine Matschrutsche abwärts. Nicht weit sollte ein Shelter sein. Als wir es sahen, standen wir quasi direkt davor. Ich konnte mich nicht mehr bewegen, ich wusste nicht, was zu tun war. Also übernahm Salty. Er kommandierte mich unter das Dach, wies mich an meinen Rucksack auszuziehen, meinen Schlafsack und meine Matte auszurollen, trockene Kleidung anzuziehen, mich dann in den Schlafsack zu legen. Und Tränen wären ok und akzeptiert. Er kümmerte sich darum, dass wir Wasser hatten, verstaute unsere Essenssäcke, während ich in Fetusposition zusammengerollt in meinem Schlafsack lag und zu meiner Überraschung langsam wieder warm wurde, wieder klar denken konnte. Und da hörte ich die Musik über mir. Ein weiterer Wanderer, den ich noch gar nicht bemerkt hatte, fragte, ob es für uns in Ordnung wäre, wenn er ein bisschen Musik von seinem Handy abspiele. Mir war gar nicht klar gewesen, wie sehr ich Musik vermisst hatte. Seine Playlist war sanft und melancholisch. Ich lag neben Salty, ich musste nichts sagen und mir wurde bewusst, wie wenig wir eigentlich brauchten. Und vor allem, wie privilegiert ich war, denn ich hatte alles. Ich war warm, beinahe trocken, ich hatte ein Dach über dem Kopf, ich hatte Wasser und Nahrung, ich hatte Freunde, ich hatte Körper und Geist, die es mir erlaubten zu wandern, ich konnte lieben und ich wurde geliebt. Es gibt so viele Menschen auf der Welt, denen mindestens eins dieser Grundbedürfnisse verwehrt ist. Und ich hatte sogar Musik.

> Enjoy your body. Use it every way you can.
> Don't be afraid of it or what other people think of it.
> It's the greatest instrument you'll ever own.
>
> *(Quindon Tarver/Johs Abrahams – Everybody's Free [To Wear Sunscreen])*

Mein Plan war, mich mit Rocker und Flatpick bis Samstag und dem von der Kirchengemeinde in North Adams organisierten Wanderer-Brunch abzustimmen. Als das Wort Plan in meinem Gehirn auftauchte, saß bestimmt schon eine ganze Armada kleiner Nervenzellen da und lachte sich jeckisch. Natürlich blieb ich nicht bei diesem Plan. Ich fange den Tag aber am Morgen an. Gestern redeten alle von Mount Greylock: schöne Aussicht und ein schwieriger Aufstieg. Also stellte ich mich mental auf einen langen, harten Anstieg ein. Und wartete dann darauf, dass dieser von mir vorgestellte steinige, steile, unwegsame Teil des Weges begann. Nach knapp 20 Kilometern wartete ich immer noch, war aber schon oben angekommen, wurde von einem tiefblauen Himmel und der Sonne begrüßt. An genauso einem Tag wie diesem kann man von hier oben etwa 90 Meilen weit in alle Richtungen schauen. Ich legte mich ins Gras, machte ein Nickerchen, dann ein bisschen Yoga. Irgendjemand war beeindruckt von meinem Kopfstand. So sind die Amis: Scheuen sich nie Fremden Komplimente zu machen und ihre Begeisterung auszudrücken. Auf der flach-runden Kuppe von Mount Greylock befindet sich ein Aussichtsturm (auch ohne Turm ist die Aussicht grandios) und ein Restaurant. Das sind auch die Amis: Berg hinaufgefahren, erledigt, kurz ausgestiegen, erledigt, Foto gemacht, erledigt, T-Shirt gekauft, erledigt. Als Rocker und Flatpick ankamen, juckte es mich schon seit einiger Zeit wieder in den Füßen und ich wollte weiter. Der Tag war einfach zu perfekt, mein kleines inneres Wildpferd wieder voller Energie. Manchmal weiß man erst, wie sehr man etwas vermisst hat, wenn man es wiederfindet. Ich konnte mir nicht vorstellen, heute nur noch fünf Kilometer weiter zu gehen, um dann am nächsten Morgen nach einem weiteren fünf Kilometer Spaziergang in North Adams anzukommen. Es fiel mir nicht leicht den beiden Happy Trails zu wünschen, aber in meinem Herzen wusste ich auch, dass es die richtige Entscheidung war. Die beiden hatten mich ausgebremst, aufgeheitert, als ich es dringend brauchte, und jetzt würden sich mich wieder freilassen. Denn zähmen wollten sie mein Wildpferd nicht, nur aufpäppeln. Und es war in der Tat wieder wild. Mein ganzer Körper war erfüllt mit purer Lebensfreude, als ich den Berg auf der anderen Seite schon fast hinunter rannte. Unten im Tal kam ich durch ein Örtchen zwischen North Adams und Williamstown. Eine scheinbar sehr wandererfreundliche Gemeinde. Ich fand eine Kühlbox mit Obst, Snacks und Getränken, dann jemanden, der mir anbot mich beim Supermarkt abzusetzen; ich hatte gar nicht versucht zu trampen, da er nur eine knappe Meile vom Trail entfernt lag. Dort fand ich eine sehr gute Auswahl für meinen Einkauf vor. Sofort wurde ich auch wieder zurückgebracht. Wieder „on Trail“ rannte ich weiter bis zum Seth Warner Shelter. Ich brach wahrscheinlich meinen Geschwindigkeitsrekord. „Good pace girl“. Ich passierte die Grenzlinie nach Vermont, rief dem neuen Staat ein fröhliches „Hallo“ entgegen und hatte mein Zelt kurz vor der Dunkelheit aufgebaut. Manche Tage hat man Lust auf Flitzen, manche Tage bewegt man sich in meditativem Schritt und manche Tage geht man so langsam, wie man muss.

Am nächsten Morgen verspürte ich keine Eile mein Zelt zu verlassen. Unter dem besänftigenden Klang des Regens auf meinem Zelt schlummerte ich erneut ein. Es wurde acht Uhr, bis ich doch irgendwann zusammenpackte und loslief. Die Wolken hingen schwerfällig und tief. Ich war nicht sicher, ob es Regen oder Nebeltropfen waren, die mich nass werden ließen. Der Weg war aufgeweicht, doch es gab genug Wurzeln und Steine, um ihn nicht zu einer Matschrutsche werden zu lassen. Für eine ganze Weile tauchte ich durch nasses, teilweise wild wucherndes Unterholz. Mein Rucksack kam mir so schwer vor, als hätte ich eine dicke Wolke mit eingepackt … Doch die Sonne kämpfte, der Wind kehrte die Wolken Stück für Stück weiter. Bei einem Shelter machte ich eine kurze Rast, um auf etwas Trockenem sitzen zu können. Ich konnte einen kurzen Blick auf ein Stück blauen Himmels erhaschen. Genug, um mich von meiner Regenjacke zu befreien. Der Boden blieb wie bisher, doch der Trail wurde ein wenig breiter, sodass das Tauchen ein Ende hatte. Auf einem sehr steilen Abstieg musste ich extrem langsam machen, um nicht auf den glitschigen Steinen auszurutschen. Danach überquerte ich eine Landstraße und ging das Spiegelbild des vorherigen Abstiegs wieder hinauf. Aber die Aufstiege motivierten mich immer, irgendwo fand ich immer noch Restenergie für noch so lange Aufstiege. Nach diesem Bergan folgte ein kurzer flacher Part, weiter ging es kurz abwärts, aufwärts, flach, herunter, hinauf ... Die Green Mountains machten ihrem Namen mehr als Ehre. Sogar die Steine waren mit Moos bedeckt. Es gab keine offenen Ausblicke, um mich herum nur grüne Bäume mit moosgrünen Stämmen. Nach einem weiteren kurzen Aufstieg traf ich auf ein Shelter. Es lag idyllisch zwischen den Bäumen auf der Sonnenseite des Berges an einem eiskalten Quellbach. Nur leider waren dort schon ziemlich viele Menschen und ich merkte, dass ich nicht in Menschenstimmung war. Ich hatte keine Lust gefragt zu werden, wie ich hieß, wo ich hinwollte, wo ich herkam, wie viele Meilen ich am Tag wanderte, welche Schuhe ich trug, was ich aß oder was ich tat, um meinen Lebensunterhalt zu verdienen. Häufige Camp-Unterhaltungen. Ich wollte einfach nur in den Himmel starren. Anstatt also einen der, zugegeben, wirklich schönen Zeltplätze zu besetzen, wanderte ich ziellos weiter. Doch meine Abendwanderung fühlte sich gut an. Die letzten Strahlen der Sonne trafen horizontal auf die Bäume und dekorierten alles um mich herum mit Lichterketten. Der Wind spielte sanft mit den Blättern. Als

Marci und ich.

ich Kid Gore Shelter erreichte, war es schon ziemlich dunkel. Etwas am Shelter vorbei fand ich auf der anderen Wegseite noch einen versteckten Platz für mein Zelt. In mein Journal schrieb ich: „Ich sehne mich so sehr nach einer ehrlichen Umarmung. Eine Marci-Umarmung. Ich hoffe, ich bekomme im Traum eine geschenkt."

Marcella ist die empathischste und liebenswerteste Person auf der Welt. Wir kennen uns seit der fünften Klasse. Sie nahm mich mit zu meinem ersten Handballtraining. In unserer Schulzeit war ihre Familie mein zweites Zuhause. Unsere Freunde in der Schule sagten, wir wären wie ein altes Ehepaar und für mich war es das größte Kompliment, das unsere Freundschaft bekommen konnte. Während unseres Studiums in Köln teilten wir die Wohnung und die Abneigung zum Geschirrspülen. Sie lebt immer noch in Köln, aber egal wo wir sind, ihre Arme fühlen sich für mich immer nach zu Hause an. Sie ist meine Wurzel, mein Wasser, mein Hafen, mein Spiegel, mein Engel, mein Krieger. Sie lässt mich immer spüren, dass ich wertvoll bin.

Vielleicht träumte ich wirklich von der Umarmung meiner besten Freundin. Auf jeden Fall fühlte ich mich am nächsten Morgen kraftvoll und abenteuerlustig. Auf dem Trail konnte ich es kaum erwarten auf den Gipfel von Stratton Mountain zu kommen, brach meine Pause schon nach der Hälfte meines Haferflockenglas ab, um weiter zu laufen. Man hatte mir erzählt, dass man dort oben auf einen Firetower steigen konnte. Kurz bevor ich angekommen war, fand ich an einem Baum hängend eine kleine Tüte mit Independence Day-Süßigkeiten. Mit dem kleinen Zuckerbooster kam ich noch schneller oben an, nur um dann eine meterlange Schlange von Menschen vor dem Aufgang zum Feuerturm stehen zu sehen. Das war der Moment, an dem ich herausfand, dass es auf Stratton Mountain auch eine Seilbahn gab. Also traf ich eine schnelle Entscheidung: Wieder mal kein Firetower für mich. Den ersten hatte ich gestern ohne Aufstieg passiert, als ich Partystimmen von oben vernahm. Ich lief also auf der anderen Seite des Berges hinunter Richtung Stratton Pond. Hier sprang ich ins erfrischende, kühle Wasser, wusch mich so gut es ging und trocknete mich dann in der Sonne. Hier war es ruhig. Ein sympathisches Pärchen aus New York und ein Mädchen mit einem knuffigen Hund, der sich einen Spaß daraus machte ins Wasser zu hüpfen und sich dann neben uns trocken zu schütteln, genossen den Frieden mit mir.

Und dann muss man ja auch Zeit haben einfach nur dazusitzen und zu lauschen.

(Astrid Lindgren – Pippi Langstrumpf)

In Vermont gibt es einige sehr beliebte Übernachtungsplätze, die durch Freiwillige vom Forest Service betreut werden. Wer dort übernachtet, zahlt einen kleinen Obolus und finanziert damit die Freiwilligen. Diese campen die ganze Saison dort und tragen Sorge dafür, dass alles sauber, der Weg zugänglich bleibt und die Natur geschützt wird. Sie zählen Tiere und Pflanzen rund um das Camp, informieren Wanderer über die Umgebung und angemessenes Verhalten in der Natur. Und manche verwöhnen Fernwanderer mit einer Packung Reese's Peanutbutter Cups, so wie mein Engel an Stratton Pond. Sie erzählte mir auch von diesen ausgewählten Zeltplätzen und sie machte mich heiß auf Ben & Jerry's Eiscreme! Ich war schließlich in Vermont, dem Heimatstaat des Eisherstellers. Es war zwar noch ein ziemliches Stück bis zur Straße, die nach Manchester führte, aber der Weg sollte ziemlich einfach zu wandern sein. Also nahm ich die Gelegenheit war und ging über den wirklich sehr angenehmen Weg meist leicht bergab bis zur Straße. Pebbles hätte kommentiert: Krasse Pace! Auf der anderen Seite war ein Parkplatz und hier saß ein älterer Mann namens Richard vor seinem Kofferraum und wartete auf Wanderer. Ich glaube, er hatte einfach Lust auf einen Plausch. Also setzte ich mich dazu, aß von seinem Obst, verschob die Eisidee auf unbestimmte Zeit und hörte zu. Als es zu dämmern begann, lief ich noch drei Kilometer zum nächsten Shelter. Hier war zu meiner Überraschung mal wieder niemand. Ich stellte mein Zelt auf eine dieser Holzplattformen, von der viele immer begeistert erzählten und die man manchmal in der Nähe von Sheltern in Hanglage fand. Ich kann die Begeisterung nicht so wirklich nachvollziehen, aber ich habe es ausprobiert. Vielleicht wenn es so richtig schüttet, dann spritzt der Dreck vom Boden nicht ans Zelt … das wäre wohl einen weiteren Versuch wert.

Vermonts Trails waren ein schöner Mix aus unterschiedlichen Anforderungen. Es gab ein paar Kraxelteile mit Wurzeln, Guck-durchgehend-wo-du-hintrittst-Steinen, Teile ohne große und kleine Hindernisse, auf denen ich in einen Rhythmus fand, ein bisschen Steinehüpfen durch matschige Wegabschnitte und einige Holzplanken-Balancier-Abschnitte durch besonders feuchte oder empfindliche Naturgebiete. Der Boden war fast überall mit Birkenrinde und kleinen Fichtennadeln übersät. Und nicht zu vergessen natürlich die Blätter von Vermonts Lieblingsbaum: dem Ahorn. Meine Füße freuten sich außerdem über eine Vielzahl an gepolsterten Kiefernadel-Wegen. Die Bergkuppen waren immer ein Überraschungsmoment (zumindest wenn man so wenig im Voraus informiert war wie ich). Manchmal ging ich irgendwo hinauf und dann einfach direkt wieder herunter, ohne das sich im Baumbestand irgendetwas geändert hätte, Aussicht Fehlanzeige. Manchmal konnte ich so etwas wie einen Ausblick erhaschen. Manche Berge waren oben kahl und flach. Ein schmaler Pfad schlängelte sich durch üppiges Gras. Diese Art prophezeite am Morgen immer nasse Schuhe und am Nachmittag tropfenden Schweiß, aber immer auch köstliche Himbeeren, das geschäftige Brummen von Millionen von Insekten und Vögeln sowie die Schönheit und den Duft eines riesigen Potpourris an Wildblumen. Manchmal war ein Berg oben steil, felsig und offen, so wie Baker Mountain zum Beispiel. Auf wieder anderen gab es durch einen Feuerturm einen menschengemachten Ausblick (für mich bislang zwar noch nicht, aber irgendwie ist das Wandern an sich hier schon sehr belohnend). Auf manchen traf ich plötzlich auf eine Menge Leute, wenn es dort eine Seilbahn gab, so wie auf Stratton oder Bromley Mountain.

The Trail flirting with my feet.

Ich genoss eine ausgedehnte Nachmittagspause bei Rock Pond. Ich baumelte meine Füße und Unterschenkel im Wasser, während ich in die Stille hier oben horchte. Stille hat so viele Sprachen. Verträumt, liebkosend, tröstend, konzentriert, angespannt, beruhigend, beseelt, befreiend, vertraut, flüchtig, vielleicht trotzig, nervös, enttäuscht, gehässig, unterwürfig, abweisend. Heute sprach sie friedlich und kreativ.

Ich wanderte ein Stück weiter auf Stony Mountain, auf dessen höchsten Punkt viele kleine Steinmännchen standen. Ich sah mich eine Weile um und unterhielt mich selbst, indem ich mir vorstellte, wer diese Figuren wohl gebaut hatte, wie diese Figuren hier so lebten, wer sich mit wem gerne in die Steine kriegte … das Hirn produziert so viele lustige Geschichten, wenn wir ihm dafür Raum geben. Zugegeben, nicht alle sind lustig, manche sind ziemlich einfältig und dumm, manche nervig und manche wirklich hässlich. Manchmal drohte mein Hirn mir, ihm entweder jetzt und sofort eine Aufgabe zu geben oder es würde nur die hässlichsten kleinen Kreaturen in meinen Gedankenraum schicken. Dann spielte ich gerne Wortspiele und Rätsel in meinem Kopf. Beispiele gefällig? Ich mag Anagramme. Ich denke mir den Namen eines Freundes und stelle die Buchstaben dann so um, dass sich neue sinnvolle Wörter ergeben: LINUS VON KEUTZ - ZU VIEL ON STUNK, RENE KAISER - SEINE KARRE und so weiter. Oder ich versuche jedes Land mit Hauptstadt aufzulisten oder alle Staaten der USA mit Hauptstadt. Oder ich versuche zu einem Überbegriff ein Wort mit jedem Anfangsbuchstaben zu finden. Oder ich mache kleine Mathe-Rätsel wie: Bewege eine Ziffer, sodass die Gleichung wahr wird: 33+3=30. Oder ich singe …

But I would walk 500 miles
And I would walk 500 more
Just to be the girl who walks a thousand miles
To enjoy the outdoors

(Modifiziert von The Proclaimers – I'm Gonna Be 500 Miles)

Heute war es Singen im Regen. Er kam wie ein langgezogenes Crescendo. Der Regen natürlich, nicht mein Gesang. Mein Gesang ließ an Qualität vermissen. Es war ein konstantes Auswerfen von zufälligen Liedern, die eine gute Quantität zeigten, allerdings Großteile des Texts vermissten. Der Regen startete am Morgen als Nieselchen, wobei kaum ein Tropfen es durch all die Blätter nach unten schaffte. Er nahm stetig zu, während ich auf Mount Killington aufstieg, und fand seinen Höhepunkt, als ich gerade an einem Schild vorbeikam, das mich darüber informierte, das Churchill Scott Shelter befände sich in 300 Metern links. Auf Mount Killington hatte ich mir das letzte Stück Kraxelei bis zur Spitze gespart, da die Aussicht auf Aussicht gegen null tendierte und war lieber weiterhin singend auf der anderen Seite wieder talwärts gewandert. Jetzt saß ich glücklich unter dem Dach von Churchill, das ich mit zwei anderen Wanderern teilte. Es gab kein Schnarchen, sondern wirklich nette Gespräche. Ich schlief zum konstanten, teilweise sehr wilden Trommeln des Regens auf dem Dach ein.

Sie sagte, sie liebe mich. Sie sagte, sie vermisse mich.
Sie kannte dieses Ich. Dieses Ich, dass ich irgendwie verloren habe. Aber ich weiß, dass es noch da ist. Nur irgendwo vergraben unter Rollen spielen, Bewertung, Angst und Abwehr.
Sie hat es mir in die Erinnerung zurück gebracht.

Sie trägt es in sich, sie ernährt sich davon, es lässt sie lächeln und einen und weitermachen.
Und ich werde es wieder finden,
denn jetzt bin ich stolz auf dieses Ich. Und noch viel mehr bin ich dankbar für die Chance, die ich hatte, neben dir Ich zu sein.

Bleib Traum und Feuer, Pia, sagte sie.

Am nächsten Morgen fühlte ich mich ein wenig pomadig. Wäre mir in dem Moment dieses deutsche Wort eingefallen, hätte ich wahrscheinlich erst einmal drei Minuten sitzen müssen, um meinen Lachkrampf abzuwarten. Aber ich war in den USA, da fallen mir dann auch meist nur englische Wörter zu meinen Emotionen und Gedanken ein. Der AT trennte sich vom Long Trail, der weiter in den Norden von Vermont führt. Kurz danach kam ich durch einen Camper-Park, wo alle Besucher gerade dabei waren Frühstück anzurichten. Die ersten hatten den Grill schon wieder angeschmissen. Ja, irgendwo hatte ich auch Hunger, aber das war es nicht wonach ich mich plötzlich ganz arg sehnte. Ich sehnte mich nach bekannten Gesichtern, nach den Leuten, bei denen ich nichts sagen muss, nichts erklären muss, niemand sein muss. Die mich daran erinnern, wie es sich anfühlt, ich selbst zu sein. Sie waren nicht hier und manche Tage machte mich das so traurig. Auch wenn mich das Vertrauen darin, dass sie mich lieben und wollen, dass ich das hier tue, jeden Tag wieder motiviert.

Der ganze Abschnitt am Morgen fühlte sich wie ein seltsames Zwischenstück an. Ich wartete auf etwas, dem ich keinen Namen geben konnte, anstatt einfach den Moment anzunehmen. Ich setzte mich auf einen dicken Stein neben einem kleinen Parkplatz, beobachtete Familien, die aus ihren Autos ausstiegen, zum zwei Minuten entfernten Wasserfall über einen von Menschen gemachten langen Holzsteg liefen und sich danach erschöpft wieder ins Auto setzten. Für eine Weile konnte ich mich nicht überreden weiterzugehen, obwohl ich es hasste, dort zu sein. Irgendwann hatte ich mir endlich einen ausreichenden Tritt in den Allerwertesten verpasst und war auf einem schmalen Waldpfad bergan gestartet, als ich plötzlich merkte, wie mir jemand hinterherrannte. Außer Atem fragte mich ein junger Mann, ob ich eine AT-Wanderin wäre, was ich bejahte. Ob ich etwas Obst mochte, fragte er weiter. Was ich bejahte, bevor er die Frage überhaupt zu Ende gestellt hatte. Ich folgte dem jungen Mann zu seinem Auto und er baute vor mir einen ganzen Markt an frischem Obst auf. Er und seine ebenso sympathische Frau waren gerade in ihren Flitterwochen. Seit mehreren Jahren las er schon über den Trail und der Samen keimte langsam. Ich hoffe, ich war für ihn ein weiterer Tropfen Wasser für seinen Keimling. Für mich waren die beiden Engel im perfekten Moment. Die Süße der Kirschen, aber besonders ihre Herzlichkeit ließen mich den Rest des Tages fliegen. Er bestand aus besonders vielen Aufstiegen ohne Aussicht, dafür waren die Wege angenehm steil ohne Steintreppen und Matschrutschen. Und noch einen Engel traf ich an diesem Tag. Papa Smurf kam mir entgegen und wir stoppten für einen kurzen Plausch. Er motivierte mich noch weitere 15 Kilometer bis zum geheimen privaten Zeltplatz in Dans Garten zu gehen. Er sagte, ich habe eine Aura von Freundlichkeit, daher verriet er mir den Platz. Der Platz war jeden Kilometer wert. Dan hatte einen hübsches, grasbewachsenes Areal, an dem ein Fluss zum Abkühlen und Waschen vorbei floss. Es gab Essen, kaltes Bier, um darüber Geschichten zu teilen. Ich glaube, am Ende des Tages bekam ich genau das, wonach ich mich gesehnt hatte: einen Platz zum Sein. Auch wenn es nur für ein paar Stunden war, das reichte. Ich war allen dankbar, die mich hierher geleitet hatten und natürlich den drei, die mich hier willkommen geheißen hatten.

Ich erwachte durch einen Schrei. Er klang wie eine aufgebrachte Gans, die versuchte ein Schaf zu sein. Schnell öffnete ich mein Zelt und sah, wie ein Rehkitz aus dem Wald in den Fluss stolperte. Halb an ihm dran hingen die Zähne eines Coyoten! Reglos kniete ich in meiner Zeltöffnung und beobachte den wilden Kampf ums Überleben. Das Rehjunge schrie und wand sich, der Coyote versuchte besseren Halt zu bekommen, er schlug sein Opfer ins Wasser, fasste, verfehlte, fasste erneut. Und plötzlich aus dem Nichts, ließ er von ihm ab. Er starrte auf meine Seite des Flusses, aber nicht in meine Richtung und rannte dann zurück in den Wald. Mit zittrigen Beinen richtete sich das Kitz auf, schaute sich noch einmal angsterfüllt um und stakste dann instinktiv auf die andere Seite des Flusses, weg von seinem Peiniger. Es lief nur wenige Meter von meinem Zelt an mir vorbei, aber ich glaube, es bemerkte mich nicht einmal. Es wollte nur weg von dem Ort dieser traumatischen Nahtoderfahrung. Hinein in den Schutz des hohen Grases. Minutenlang konnte ich meine Position nicht verändern, wie wenn man im Kino nach einem richtig guten Film nicht aufstehen kann.

Nach einem faulen Vormittag, den ich noch bei Dan im Gras verbrachte, hielt ich den Rest des Tages kurz. Ich wollte noch eine weitere Nacht in Vermont verbringen und am nächsten Tag in Hanover genug Zeit für einen entspannten und ausgiebigen Einkauf haben. Ich schlief auf einem Bett aus Kiefernnadeln in der Nähe von Happy Hill Shelter. Als ich den Namen gesehen hatte, wusste ich, es würde sich lohnen.

Ich bin mir nicht sicher, wann es passierte, aber irgendwann wurde wandern einfach normal. Ich hinterfragte es nicht mehr. Ich hatte da irgendwo ein Ziel, aber es war in den meisten Momenten weder wichtig noch präsent. Ich wusste einfach, dass ich es irgendwann erreichen würde. An allen anderen Tagen kam ich ihm einfach immer ein bisschen näher. Distanz und Zeit wurden unwichtig. Es ging immer nur um den nächsten Schritt. Eben noch befand ich mich auf einem langen Aufstieg und jetzt stellte ich fest, dass es schon wieder hinunter ging. Seit wann? Irrelevant. Irgendwann fand ich einen Platz, wo ich mein Zelt aufschlagen konnte, schlief und am Morgen wachte ich auf und wanderte wieder. Bewegte mich ein wenig näher auf mein Ziel zu. Wieder und wieder und wieder. Es gab Tage – nein, für gewöhnlich waren es nur Abschnitte am Tag –, in denen ich mich fragte, was ich hier eigentlich tat. Vielleicht wurden diese Gedanken dadurch ausgelöst, dass ich Nichtwanderer „Nichtwanderer-Sachen" tun sah, oder irgendwo Schmerzen oder eine unerfüllte Erwartung hatte. Dann wurde Zeit plötzlich zu etwas, was man machen musste, Kilometer wurden zu etwas, was man abarbeitete. Ziele wurden zu etwas, was man so schnell wie möglich erreichen musste, der Aufstieg fand nie ein Ende. Aber diese Abschnitte bleiben zum Glück nur Abschnitte. Irgendetwas passierte, der Trail kümmerte sich. Ich musste nur vertrauen, nicht anfangen gegen die Zeit, die Distanz, die Gedanken zu kämpfen. Und bevor ich mich versah, war schon wieder alles außer dem nächsten Schritt unwichtig. Denn das war doch alles, was ich hatte.

Wanderlust

Der AT führt die Wanderer mitten durch eine kleines sympathisches College-Städtchen namens Hanover. Es befindet sich direkt hinter der Grenzlinie von Vermont und New Hampshire. Ich war etwas melancholisch, als ich Vermont hinter mir ließ, aber gleichzeitig war ich unfassbar neugierig auf die Abenteuer, die New Hampshire für mich bereit halten sollte. Als ich die Innenstadt von Hanover erreichte, erlebte ich ein Déjà-vu. Ich war hier schon einmal gewesen! Mit meiner Freundin Eva-Maria und ihrer Au-pair-Familie aus Boston. Ich erinnerte mich an das Universitätsgebäude mit der ausladenden Grünfläche davor. Dartmouth. War es Zufall, dass ich gerade ein Buch der Leichtathletin Alexi Pappas las? Sie war am Beginn ihrer Karriere für Dartmouth Cross Country und Track gerannt. Ihr Buch war nicht nur ein idealer Wegbegleiter, jetzt war ich auch noch an dem Ort, an dem sie zur Läuferin wurde und vielleicht wanderte ich auf Wegen, auf denen sie vor Jahren gelaufen war.

Ich fand eine Bäckerei und erstand dort einen großen köstlich-gewürzigen Kürbis-Cookie. Mir läuft heute noch das Wasser im Mund zusammen. Und deswegen habe ich bei Lou's Bakery nach dem Rezept gefragt und darf es sogar hier teilen!

Am Ende des Städtchens, das wohl keine zwei Kilometer lang war, fand ich den Supermarkt. Er war wirklich direkt auf meinem Weg, was natürlich super war. Erstens konnte ich ihn nicht verpassen und zweitens musste ich den Trail nicht verlassen oder sogar trampen. Wieder fand ich eine tolle Auswahl für meinen Einkauf: Pumpernickel, einen selbst abzufüllenden Schweizer-Müsli-Mix, Couscous, gesalzene Nüsse, getrocknete Früchte, frisch im Laden gemahlenes Mandelmus und Ben & Jerry's Eiscreme als zweites Frühstück. Nachdem ich eben Vermont verlassen hatte, war es höchste Zeit!

Eis zum Frühstück.

Ich verließ Hanover zufrieden mit bis zum Rand gefülltem Magen und Essensbeutel. Der Weg flog am Nachmittag unter meinen Füßen vorbei. Ich traf zwischendurch an einer Wasserquelle auf drei Mehrtageswanderer. Mit Brianna, ihrem Vater und Bruder führte ich eine kurze, aber berührende Unterhaltung.

Vegan Pumpkin Cookie – Original Rezept von Lou's Bakery:

Wer also nach Hanover reist, sollte hier unbedingt vorbei gehen:
Lou's Bakery, 30 Main Street, Hanover, NH 03755

225 g (1 cup) Margarine
275 g (1 1/3 cup) Sugar — *1. Cream until Smooth – stop*

120 ml (1/2 cup) Maple Syrup
1 tablespoon Molasses
400 g (1 can) Pumpkin purée — *2. Add and mix lightly – stop*

250 g (2 cups) Flour
1 teaspoon Baking Soda
2 ts Baking Powder
1 ts Salt
2 ts Cinnamon
1 ts Cloves
1 ts Ginger
1/2 ts Nutmeg — *3. Add and mix lightly – stop*

200 g (2 cups) Oats
200 g (1 1/2 cups) Choc Chunks
75 g (1/3 cup) Raisins
75 g (1/3 cup) Dried Cranberries
150 g (1 cup) Walnuts — *4. Add and mix just until combined*

Und dann traf ich auf Crunchy, auf den ich am nächsten Tag noch öfter treffen sollte. Er stand mit seinem Pick-up in einer kleinen Parkbucht ein Stück die Straße hoch, die ich gerade überquerte. Er winkte mich heran, bot mir einen Campingstuhl an und entschuldigte sich, dass er mir keine Pizza mehr anbieten konnte. Seine Freundin und ihre Tramily, ihre Wanderpartnerin, ihre Trail family, für die er Trail Magic organisiert hatte, waren gerade gegangen und hatten alles aufgegessen. Sie wollten in dem Shelter übernachten, das etwa vier Kilometer den Berg hinauf lag. Crunchy war letztes Jahr auf dem Trail unterwegs gewesen und war immer noch eingenommen von dem Erlebnis. Er freute sich wieder hier draußen zu sein, auch wenn es diesmal nicht als Wanderer, sondern als Unterstützer war. Wir unterhielten uns, während ich meinen Burrito aß, den ich aus Hanover mitgenommen hatte. Ein Geschenk dafür, dass ich eine Umfrage ausgefüllt hatte. Ziemlich guter Deal in meinen Augen und meinem Magen. Dann freute Crunchy sich, dass er mir zum Nachtisch immerhin noch ein wenig frisch geschnittenes Obst anbieten konnte. Für mein Verständnis war das nicht ein „immerhin“ sondern ein „ziemlich genial“. Danach flog ich den Berg hinauf. Es war auf einmal so viel Freude in mir, sie füllte meinen gesamten Körper bis zum Überlaufen aus. Wo die Bäume ein kleines Sichtfenster in die Ferne öffneten, stoppte ich, stand einfach da, starrte in die fernen fernen Berge. Und mein Körper fing an zu tanzen, ekstatisch. Ich lachte und schrie vor Glück. Ich konnte gar nichts dagegen tun. Doch das Gefühl war so großartig. Ich war auf dem Gipfel der Welt und tanzte. Ich fühlte eine ungewohnte Macht in mir. Macht nicht im Sinne von Herrschaft, sondern im Sinne von Freiheit, von Sicherheit, dass ich genau da war, wo ich sein wollte, von Liebe für das Leben. Schon in dem Moment war mir bewusst, dass dieses Gefühl noch lange in mir nachglühen würde. Manchmal, wenn ich mich niedergeschlagen oder klein oder eingeengt fühle, setze ich meine Kopfhörer auf und tanze. Egal, wo ich bin. Manchmal ist es nur Augen schließen und vorstellen und manchmal tanzen nur meine Finger. Aber irgendwann spüre ich wieder den Beat der Welt. Denn tanzen ist Glück. Tanzen ist Freiheit.

Unter Bäumen in New Hampshire

Ich traf Crunchys Freundin Giggles am Trapper John Shelter. Sie und ihre Freundin Ducky waren gemeinsam in Georgia gestartet und seitdem schlossen sich immer mehr Wanderer ihrer Tramily an. Manche blieben für ein paar Tage, manche für einige Wochen und manche würden bis Katahdin bleiben. Es war eine lustige bunte Truppe, aber bald etwas überfordernd für mich und ich zog mich in mein Zelt zurück. Tramily ist Wander-Slang für die Familie auf dem Trail. Ich hatte 2018 auch eine kleine Tramily. An meinem zweiten Tag traf ich Stogie. Wir waren uns schnell sympathisch und merkten, dass wir einen ähnlichen Wanderstil hatten, der sich zu der Zeit eher wie ein Stolpern als ein kraftvolles Wandern anfühlte, sich nach einer guten Woche aber zum Glück änderte. Bald trafen wir Salty. In den ersten Tagen wanderten wir nicht mit ihm gemeinsam, aber wir trafen uns immer abends an den Zeltplätzen. Salty hatte einen Zeitplan und in Ermangelung eines eigenen folgten Stogie und ich diesem einfach. Leider verletzte sich Stogie und musste für ein paar Tage ruhen. Wir trafen ihn am Beginn der Smokies wieder, aber kurz danach musste er die Wanderung endgültig be-

Stogie.

enden. Salty und ich blieben zusammen. In Damaskus trafen wir auf Puff Puff und liefen in den nächsten Tagen immer wieder an ihr vorbei bzw. sie überholte uns (im Wander-Slang sagt man dazu „Leapfrog“), bis wir endlich unser Abendlager absprachen. Short shorts stieß immer mal wieder zu unserer kleinen Gruppe dazu und ich glaube, es waren meine letzten zehn Tage, an denen wir vier zusammen wanderten. Manchmal trennten wir uns für einige Kilometer, bevor wir dann wieder gemeinsam den Weg meisterten. Getrennt, zusammen. Spätestens trafen wir uns an unserem Nachtlager wieder, auf das wir uns am Morgen geeinigt hatten. Damals war unsere Tramily extrem wichtig für mich. Diesmal war ich tatsächlich ganz glücklich, die meiste Zeit allein unterwegs zu sein.

... and have you ever felt for anything
such wild love –
do you think there is anywhere, in any language,
a word billowing enough
for the pleasure
that fills you,
as the sun
reaches out,
as it warms you
as you stand there,
empty-handed – ...

(Mary Oliver – The Sun)

In meiner ersten Nacht in New Hampshire schlief ich wie ein Stein. Nicht ein Mal wurde ich während der Nacht wach. Früh lief ich am nächsten Morgen los. Ich wusste, dass Crunchy an der nächsten Waldstraße warten wollte, um seinen Freunden Frühstück zu machen. Ich aß mein Bananenbrot, Crunchy stellte einiges an Obst vor mich und wir schnackten munter. Ich ging, als seine Freunde gerade den Berg herunter kamen und Crunchy eifrig starten musste, Eier und Speck zu braten.

Um endlich auf meinen ersten Feuerturm zu steigen, musste ich also wirklich erst bis New Hampshire kommen. Zugegeben, 2018 nicht mitgerechnet. Dort hatte ich sogar einmal in einem Feuerturm übernachtet. Er stand etwas abseits des Trails am Ende der Smokies. Oben gab es einen kleinen kreisrunden Raum mit einer Tür und eine 360-Grad-Außenplattform. Es war gemütlich drinnen und der Sonnenuntergang am Abend ebenso eindrucksvoll wie der Sonnenaufgang am nächsten Morgen. Ich erinnere mich, wie ich draußen saß, in meinen Schlafsack gekuschelt, die Schönheit bestaunte und der Stille lauschte.

Der Blick nun von Smarts Mountain war spektakulär und der Wind auf dem Turm noch spektakulärer. Er pfiff durch jede kleinste Ritze in dem winzigen, durch eine Bodenluke erreichbaren Raum an der Spitze des Turms.

Den Rest des Tages war ich verliebt in die Aufs und Abs, die Felsenriffe. Auf einem besonders sonnengewärmten machte ich ein Nickerchen, obwohl die Verniedlichung eigentlich eine Untertreibung ist. Ich machte eher einen Nicker. Dann saß ich länger auf der Spitze von Mount Cube, las ein wenig, aber genoss vor allem die Sonne in meinem Gesicht und den meditativen Blick in die weite Ferne. Am Abend traf ich wieder auf Crunchy. Wieder wartete er auf seine Freunde, diesmal in Startposition, um Tacos zu machen. Extra für mich hatte er ein Tütchen mit frisch geschnittener bunter Paprika vorbereitet. Lachend verabschiedeten wir uns mit einem „Bis später“, auch wenn wir wussten, dass es diesmal ein finaler Abschied war. Unsere Treffen hatten schon so etwas wie Vertrautheit bekommen. Danach versuchte ich den Zeltplatz zu finden, der angeblich nur einen Kilometer weiter oben liegen sollte. Nach einer halben Stunde war ich mir ziemlich sicher irgendeinen Hinweis verpasst zu haben. Also lief ich einfach weiter und fand irgendwann eine geeignete Stelle. Sie war zwar etwas zu nah an einer Landstraße, auf der Autos zu schnell fuhren, aber sie war voller Kiefernnadeln, die letzten Sonnenstrahlen des Tages glitzerten noch durch die Äste und ein umgefallener Baumstamm bot den perfekten Sitzplatz für ein Abendessen.

Der Morgen war kalt. Mit klammen Fingern versuchte ich Erdnussmus auf mein Brot zu schmieren und meine Banane zu schneiden. Das ist der Preis, den man für eine klare Nacht zahlt. Durch ein Loch in den Baumkronen hatte ich einen Himmel voller Sterne bestaunt. Das ist der Preis, den man bekommt, wenn man nachts aufwacht und sich zum Pinkeln aus dem gemütlichen Schlafsack schälen muss.

Wait till you get to the Whites!

(Zen und Didgeridoo)

Über sanft geschwungene Hügel lief ich am Morgen zu einer Straße, an der ein Wanderhostel lag. Ich stoppte dort kurz, lud meinen Handyakku auf, sendete ein paar Lebenszeichen an Freunde und fand in der Hikerbox eine Tüte Trailmix, die ich beglückt in meine Snack-Bauchtasche steckte. Zurück auf dem Trail stolperte ich wieder in die Tramily. Sie machten sich gerade bereit, um über Mount Moosilauke zu „slack-packen“. Das ist Wander-Slang und bedeutet, das man ohne seinen großen Rucksack wandert oder zumindest nur mit den Sachen für den Tag im Rucksack. Fernwanderer organisieren sich das entweder so, dass sie sich zu einem Punkt weiter nördlich fahren lassen und dann zurückgehen, am nächsten Tag wieder von diesem Punkt starten, dann aber wieder mit Gepäck und nach Norden. Oder man lädt am Morgen seinen Kram in ein Auto, wandert dann Richtung Norden und eine Person fährt das Auto zu einem gemeinsamen Treffpunkt an einem Zugangsweg. Giggles und die anderen boten mir an, meine Sachen ebenfalls in das Auto ihres Freundes zu packen, was ich aber dankend ablehnte. Ich fand, mein Rucksack sollte alles sehen, was ich auch sah. Der Himmel war strahlend blau und andere Wanderer hatten immerzu von Mount Moosilaukes Gipfel geschwärmt. Also machte ich mich an den Aufstieg, der lang und gleichmäßig war. Gleichmäßig ist vielleicht nicht ganz passend, es war für den Großteil auf jeden Fall gleichbleibend steil.

Moosilauke, steil hinauf.

Ich beobachte gerne, wie sich die Flora verändert, während ich an Höhe gewinne. Von blättrigem Mischwald geht es in den Nadelwald. Die Balsamkiefern und Rotfichten sind zunächst präsent, dann verschwinden die Rotfichten und die Balsamkiefern verhalten sich wie der Scheinriese Herr Tur-Tur in Jim Knopf. Mit jedem Meter, den ich näher an den Gipfel komme, werden sie kleiner, bis sie nur noch Zwerge sind und dann ganz verschwinden. Sie machen Platz für die fragile Alpenvegetation. Ich bin immer wieder fasziniert, wie viele Pflanzenarten dort oben immer noch wachsen. Sie klammern sich in eine kaum vorhandene Erdschicht, sind Wind, Sonne und Niederschlag ungeschützt ausgesetzt und trotzen dennoch mutig all diesen noch so rauen Bedingungen.

Auf Mount Moosilauke.

Auf dem Gipfel waren viele Wanderer. Verständlich. Es war Sonntag, bestes Wanderwetter und Mount Moosilauke nicht ohne Grund berühmt. Ich bestaunte seinen 360-Grad-Blick auf dem flachen weitläufigen Gipfel, ich aß windgeschützt hinter einer kleinen Steinmauer und ich fragte FOMO aus der Tramily, ob er ein Foto von mir und dem Gipfelschild machen könnte. Eine wahre Seltenheit für mich.

Der Abstieg fühlte sich länger an als der Aufstieg und war deutlich anstrengender. Es ist spannend, wie das Heruntergehen auf einem ganz anderen Level ermüdet als das Heraufgehen. Es leert alle Vorräte an Konzentration, nicht unbedingt an physischer Energie. Ich war während des Abstiegs wieder zwischen die Tramily geraten und lernte mehr Namen und Geschichten kennen. Alle luden sie mich zu ihrer Grillfeier ein. Giggles kam hier aus der Gegend und Freunde aus ihrer lokalen Wandergruppe wollten sie auf einem Parkplatz am Fuß von Mount Moosilauke willkommen heißen. Ich habe das Gefühl, als wäre Grillfest untertrieben für das was, mich tatsächlich erwartete. Ein Haufen Leute empfing uns, als wären wir Berühmtheiten. Es wurde gejubelt, geklatscht, gratuliert. Es fühlte sich an, als könnte ich ihre Freunde und ihren Enthusiasmus einatmen. Zu essen gab es alles. Ein komplettes BBQ vom Grill, aber auch Maiskolben, Gemüsespieße und Kartoffeln. Es gab Berge an frischem Obst, Chips, Cracker, Kekse und Kuchen. Es gab eine Auswahl an Riegeln und Trailmix für den Nachschub, die man so in keinem Supermarkt finden würde. Doch was mich am meisten überwältigte war, wie sie mich aufnahmen. Wie eine gute alte Freundin. Mich, für alle eine völlig Fremde, sogar für Giggles. Mich, von der sie nichts erwarten konnten und die sie wahrscheinlich nie wieder sehen würden. Ich füllte meinen Magen mit ihrem Essen und meine Seele mit der Atmosphäre von Zugehörigkeit, Leichtigkeit, Fürsorge, die sie aus allen Poren verströmten. Ich wünschte mir, jeder könnte diese Magie des Trails erleben, die so sehr das Vertrauen in Menschen stärkt, den Glauben an das Gute in Menschen, die Fremde zu Freunden macht. Ich war so dankbar, dass ich all diese Erlebnisse haben durfte. Mit der Natur, mit Menschen.

Trail Magic für Giggles und jeden.

Am frühen Abend machte ich mich wieder auf den Weg und fühlte mich unaufhaltsam. Selbstbewusst und stark. Ich dachte zunächst, dass ich bis zum Eliza Brook Shelter laufen könnte, aber der Trail ließ mich nur langsam vorankommen. Er verlangte Hand-und-Fuß-Kletterei über Steine und Wurzeln oder Steinehüpfen durch Matschwege für Fortgeschrittene. Nichts, was ich gerne in der Dunkelheit machen wollte, die viel zu schnell kam. Ich durchsuchte meinen Gefühlsschrank nach dem üblichen Unbehagen, wenn das Tageslicht schwindet, doch es war nicht da. Es war mir egal, ob ich es zum Shelter schaffte oder nicht, denn „The Killers“ aus meiner Judebox hatten mich überzeugt, dass „everything will be allright, everything“. Und als das letzte Licht hinter den Bäumen verschwand, sah ich eine kleine Aussparung auf der linken Seite. Der Boden war trocken, relativ eben, und nach ein wenig drehen und schieben hatte ich meine Zeltunterlage zwischen den Baumbabys eingepasst. Ich hatte meinen Schlafsack noch nicht ganz zugezogen, da war ich schon eingeschlafen. Ein Lächeln dekorierte noch immer mein Gesicht.

Ich schlief die ganze Nacht durch. Als ich mein Zelt öffnete, schimmerte die Sonne hinter den Bäumen wie ein freundliches Feuer. Es war bereits angenehm warm und ich genoss mein geliebtes Frühstück heute ohne eingefrorene Finger. Der Weg über Kinsman Ridge ging eigentlich genauso weiter, wie er gestern Abend aufgehört hatte. Ich umzirkelte gigantische Matschpfützen und brauchte alle Hände, die ich hatte, für die steilen Kletterpassagen. Es dauerte seine Zeit, bis ich den Kamm erreichte, aber unter einem perfekt blauen Himmel machte es Spaß.

It's a long way to the top

(AC/DC – It's a Long Way to the Top if you wanna Rock 'n' Roll)

Oben gab es einige sonnengewärmte Nickerchen-Felsen, aber ich hatte noch keine Lust auf Pause. Die machte ich weiter unten am Lonesome Lake. Ich wusch mich in seinem kalten, erfrischenden Wasser und ließ mich von der Sonne trocknen. Dabei probierte ich mich durch alle Sorten von Rileys Mini-Muffins. Riley war ein weiterer Freund von Giggles und hatte am Vortag darauf bestanden, dass ich keine Zurückhaltung zeigen durfte und so viele seiner Muffins einpacken sollte, wie in die Tüte passte, die er mir gab. Ich bereute nicht, ihm gehorcht zu haben. Ich konnte mich nicht mal entscheiden, ob ich Apfel-Zimt oder Blaubeere oder Feige oder Mango oder Banane am besten fand. Alle waren sie „nourishing", vollwertig und sättigend, mit Haferflocken, Leinsamen, Nussmus und etwas Honig. Genau mein Geschmack!

Rezept für einen Wander-Muffin

1 1/2 cups Hafermehl
1/2 cup Mandelmehl
1/2 cup feine Haferflocken
2 TL Backpulver
1 TL feines Meersalz
1 TL Zimt
3 TL Chia Samen eingeweicht in 1/4 cup Pflanzenmilch und 1 EL Apfelessig
2 EL Leinmehl
1 cup geraspelte Süßkartoffel
1 cup zerdrückte Bananen (2 bis 3 mittlere)
1/3 cup dunkles Tahin (Sesammus)
1/4 cup Honig
Nach Belieben noch 1/2 cup grob gehackte Nüsse, Mandeln oder ähnliches für etwas Crunch

In einer Schüssel alle flüssigen Zutaten zusammenrühren und in einer anderen alle Trockenen vermischen. Dann alles zusammenfügen, ordentlich vermengen. In eine Muffinform füllen und im Ofen (180 Grad) für etwa 30 bis 35 Minuten backen.

Der See war ein beliebter Ort für Tageswanderer und dementsprechend ganz gut besucht. Die Leute schauten mich etwas irritiert an, meine schmutzigen Klamotten, meinen vollen Rucksack, wie ich einfach splitternackt in den See sprang. An irgendeinem Punkt hört man auf zu denken, was die anderen denken (könnten). Wo lag der Nutzen? Egal, was ich tat: Kontrollieren, was die anderen dachten, konnte ich eh nicht. Also tat ich, was mich glücklich machte und niemandem schadete.

Der Weg vom See zu einer weiteren Straßenüberquerung war ein Kinderspiel im Vergleich zum Vormittag. Als ich den Fuß von Mount Liberty erreichte, überfiel mich plötzlich eine nicht zu ignorierende Müdigkeit. Also legte ich mich einfach auf einen dicken Felsbrocken mitten auf dem Trail und machte ein Nickerchen. Keine Ahnung, wie viel Zeit und Wanderer vorbei gingen, aber als ich aufwachte, fühlte ich mich bereit für einen weiteren langen Aufstieg. Dieser fühlte sich allerdings mehr wie am Moosilauke an. Steil, aber stetig. Ich fiel in Pi-Modus, ich ging einfach immer weiter. Franconia Ridge war atemberaubend. Ich glaube, ich konnte meinen ganzen Weg durch New Hampshire sehen. Dort hinter mir waren Mount Moosilauke und Kinsman Notch und da vor mir lagen Mount Garfield und die Twins und ganz da hinten Mount Washington. Der Wind blies heftig, ohne dabei unangenehm kalt zu sein. Franconia Ridge ist eine Bergkette aus fünf Gipfeln und liegt komplett über der Baumgrenze. Ich startete mit Little Haystack Mountain, dann kamen Mount Lincoln und „Mount Namenlos" und am Ende Mount Lafayette, der höchste Gipfel. Ich aß hier zu Abend, während ich auf den Horizont blickte, wo die Sonne bald zu einem Feuerball werden würde. Danach lief ich einfach soweit wieder hinab, bis ich die Baumgrenze erreichte und schlug mein Zelt am erstbesten Platz auf, wieder genau eingepasst zwischen den Bäumen. Ich schlief sofort ein. Die vielen Höhenmeter waren eine gute Vorbereitung für die berühmte Presidential Range. Ich freute mich darauf. Ich genoss die White Mountains, ihre Ausblicke und alpinen Gipfel.

Kinsman Ridge

Franconia Ridge

In den White Mountains von New Hampshire zu wandern ist eine extrem beliebte Outdoor-Aktivität. Tausende Besucher kommen hier jedes Jahr her, um offene Bergkämme mit alpiner Tundra, atemberaubende Ausblicke, extreme Winde und Wetterbedingungen, die innerhalb von Minuten ins genaue Gegenteil umschlagen können, zu erleben. Die Presidential Range ist wahrscheinlich die berühmteste Bergkette der Whites und Mount Washington spielt die Hauptrolle. Und heißt nicht ohne Grund „Home of the worst weather“. Man sollte also fit sein, aber auch flexibel, um vielleicht lieber einen Tag abzuwarten, bevor man die Presidentials überquert. Dort oben einen geeigneten Zeltplatz zu finden ist schwierig und in extremen Wettern lebensgefährlich. Es dauert seine Zeit, bis man wieder den Schutz der Baumgrenze erreicht.

Der Appalachian Mountain Club (AMC) bewirtschaftet mehrere Berghütten, die einzigartig für die White Mountains sind. Sie sind etwa vergleichbar mit den Berghütten in den Alpen. Übernachtungsgäste bekommen eine reichhaltiges Abendmenü und Frühstück und schlafen in einfachen Lagern. Die größte dieser Hütten heißt Lake of the Clouds, liegt auf der südlichen Schulter von Mount Washington und hat 96 Schlafplätze. Außerdem ist sie mit 1500 Meter über dem Meeresspiegel die höchst gelegene. Die Hütten müssen über Seilzüge, Helikopter und per Fußmarsch versorgt werden. Ich sprach einmal mit einem Mädchen, das gerade auf einer speziellen Holzkonstruktion, die wie ein Rucksack auf ihrem Rücken befestigt war, Lebensmittel zur Hütte trug. Harte körperliche Arbeit, die alle zwei bis drei Tage anfällt. Für Fernwanderer sind diese Hütten nicht sonderlich praktisch. Sie sind erstens sehr teuer und meist lange im Voraus ausgebucht, was natürlich kein Fernwanderer machen kann. Einzig in der Lake of the Clouds gibt es ein Notlager für kleines Geld, damit sich niemand gezwungen fühlt, weiter über Mount Washington gehen zu müssen. Was alle diese Hütten anbieten ist Work-for-Stay. Etwa zwei bis drei Wanderern pro Nacht wird diese Option zugesprochen, sofern sie früh genug da sind und etwas Glück haben. Im Austausch für Hilfe in der Küche, der Bewirtung der Gäste oder Putzarbeiten, bekommen diese Wanderer dann Essen und einen Schlafplatz. Ich denke das ist so etwas wie ein Kompromiss, um die Gemüter der Fernwanderer und der AMC zu besänftigen. Beide Parteien sind nicht gerade Freunde. Dennoch, zwei bis drei Wanderer pro Nacht heißt, man kann sich nicht wirklich auf die Option verlassen und hat besser noch Alternativen für eine Übernachtung. Natürlich würde die Croo (so heißen die Mitarbeiter in den Hütten) niemals Wanderer in einen Sturm oder die Nacht hinaus schicken, aber man sollte ihre Freundlichkeit nicht ausnutzen und sich vor allem nicht bei ihnen beschweren. Die Croo hat die Regeln des AMC nicht gemacht. Die meisten von ihnen sind sehr herzlich, eine junge Frau schenkte mir eine Orange, in der Lake of the Clouds wurden mir Reste vom Frühstück angeboten und jemand spielte Gitarre. Aber ich gebe auch zu, das es manche Hütten gab, wo ich mich als Fernwanderer nicht sonderlich willkommen fühlte, auch oder vielleicht gerade weil ich nur meine Wasserflasche auffüllen wollte. Am Ende war ich weder als Gast noch als Work-for-stay in einer der Hütten.

Franconia Ridge

Ein sehr laut atmender Wanderer lief in der beginnenden Morgendämmerung an meinem Zeltplatz vorbei und ich konnte nicht widerstehen, ihm aus meinem Versteck zwischen den Bäumen ein „Guten Morgen“

entgegenzurufen. Überrascht blieb er stehen. Dann erzählte er mir, dass es heute regnen und am frühen Nachmittag ein Gewitter geben sollte. Da ich jetzt sowieso wach war, begann ich meine Sachen zu packen und lief los. Mount Garfield steckte in einer Wolke und Twin Mountain kurz danach auch. Aber das machte mir nichts. Die Sonne kämpfte. Zwischendurch hatte ich das Gefühl, als wäre die Wolkendecke, die mich von der Sonne trennte, dünner als die, die mich vom Tal trennte. Der prophezeite Regen entpuppte sich als kurzer, aber sehr heftiger Schauer und traf mich irgendwo hinter dem Gipfel von Mount Twin. Selbst wenn es noch ein Gewitter geben sollte, lief ich jetzt erst einmal länger unterhalb der Baumgrenze. Als ich an der Zealand Falls-Hütte vorbei kam, verweilte ich kurz auf der trockenen Veranda. Mein Kopf wollte irgendwo nahe der Hütte campen, vielleicht sogar nach einem Work-for-stay fragen. Als ich jedoch so dasaß, wurde mir ziemlich schnell ziemlich kalt und mein Herz überredete mich zum Weitergehen. Also gehorchte ich. Ich hatte gelernt, dass mein Herz meist weiser entschied als mein Kopf. Was sich auch diesmal als richtig erwies. Der Regen hatte tatsächlich ein Ende gefunden und die Sonne bekam eine kurze Chance ihre Wärme zu teilen. Ich wanderte sieben einfache Meilen durch Feuchtbiotope, die durch den verdampfenden Regen noch feuchter waren. Dann hinab zu einer Landstraße und einer kleinen Brücke über einen Fluss. Im Gegensatz zu Massachusetts sind New Hampshires Abstiege ehrlich. Man geht einfach hinunter, direkt auf die Straße im Tal zu. Kein Zickzack hoch zurück in den Wald, wenn ich beginne, die Straße zu hören. Hinter der Brücke lag ein idealer flacher, unbewachsener Platz,

Nebel auf Twin Mountain.

die Sonne hatte sich zum Ende des Tages final durchgesetzt und beleuchtete die Stelle wie ein Scheinwerfer. Ich wollte jetzt und sofort meine Sache trocknen, meine Füße im Fluss waschen und ich wollte auf keinen Fall meinen nächsten Aufstieg starten. Der Platz schrie also förmlich meinen Namen. Allerdings stand mitten auf dem Platz ein Schild mit der Aufschrift „Kein Camping". Ich diskutierte immer noch mit mir, ob ich den offensichtlichsten Ungehorsam wagen sollte, als ein anderer Wanderer auftauchte. Er füllte seine Wasserflaschen im Fluss auf und setzte sich dann neben mich auf den sonnenbeschienen dicken Baumstamm, der wie eine Schranke als Eingang vor dem Platz lag. Wir fingen an uns zu unterhalten. Er berichtete mir von seinem Plan über die Presidential Range und lachte, als ich ihn verdutzt anschaute und fragte, ob wir wirklich schon am Fuße der Presidential Range waren. Er wollte noch etwa drei Kilometer den Berg hinauf gehen und dann knapp unterhalb der Baumgrenze übernachten. Damit wäre er dem Kamm am nächsten Morgen möglichst nah, um dann den gesamten exponierten Teil der Bergkette am Stück gehen zu können. Seine Idee klang vernünftig und ich beschloss es ihm gleichzutun, jedoch würde ich hier übernachten. Denn er überzeugte mich von Schilderignoranz, die ich ja scheinbar gut beherrschen würde, wenn ich es geschafft hatte alle Schilder, die auf die Presidentials hinwiesen, zu ignorieren. Ich blieb also hier unten und würde am nächsten Tag früh starten, mir sogar einen Wecker stellen und dann beten, dass das Wetter stabil genug wäre, dass ich über alle Präsidenten kommen würde. Ich gratulierte meinem Wanderfreund für seine vorausschauende Planung! Ich erzählte ihm, wenn ich versuchte meinem Plan zu folgen, ich ihn jedes mal über den Haufen warf. Daher hatte ich gelernt, dass es besser lief, wenn ich einfach anhielt, wenn ich keine Lust mehr hatte, lieber meinem Bauch vertraute und zuhörte als zu denken und zu rechnen. Er lachte und meinte, dass New Hampshire für ihn Planungs- und vor allem Planbefolgungsdebüt war. In der Regel stresste es ihn einen Zeitplan in Stein gemeißelt zu haben. Kurz bevor er aufbrach, fragte ich ihn noch nach seinem Namen, damit ich den Plan nach ihm benennen könne. Ich traute meinen Ohren nicht, als er sagte, er hieße Iceman. Ich war seinen Einträgen in den Gästebüchern der Shelter schon seit einer guten Weile gefolgt.

In jedem Shelter, manchmal auch in kleinen Boxen irgendwo auf dem Weg, gibt es ein Gästebuch für die Wanderer. Sozusagen die Social Media-Plattform des Trails. Wanderer können hier Namen, Datum und einen Kommentar hinterlassen: Nachrichten oder Grüße an ihre Wanderfreunde, Infos über den Zustand eine Wegabschnitts oder einfach irgendetwas Lustiges oder Philosophisches oder Künstlerisches. Zum Teil findet man beeindruckende Bilder, Comics oder filigrane Zeichnungen. Ich wünschte, ich hätte ein paar abfotografiert oder könnte ein paar Einträge zitieren! Ich verbrachte auf jeden Fall Stunden mit dem Durchblättern dieser Gästebücher. In irgendeinem Buch muss mir ein Eintrag von einem gewissen Iceman ins Auge gefallen sein, danach fand ich immer wieder Einträge von ihm und der Abstand zwischen uns schien sich zu verringern. Das Datum seines Eintrags und der Tag, an dem ich ihn las, näherten sich an. Und jetzt hatten sie sich überschnitten. Es war ein ulkiges Gefühl, ihn bereits auf eine Art zu kennen, ohne das er überhaupt wusste, dass es mich gab.

Selbstbewusstsein
ist die Art wie du mit dir selbst sprichst.

Für dieses eine Mal folgte ich meinem Plan oder besser Icemans Plan. Ich startete, als die Sonne noch hinter den Bergen hing. Der erste Anstieg war in der Tat schwierig, vor allem weil der Boden aufgeweicht und die Steine glitschig waren. Schnell lief ich weitgehend ungeschützt in einer grauen kalten Wolke, was mir für den Rest des Tages etwas Sorgen machte. Und als der Wind dazu kam, wurden es schon etwas mehr Sorgen. Da war etwas Unbehagliches im Wind, etwas Hektisches, Ungeduldiges, manchmal Wütendes. Und als er alle Wärme aus meinem Körper blies und ich nicht mal zehn Meter vor mir sehen konnte und ich nicht wußte, wann dieser exponierte rutschige Felsenpart aufhörte, war es am schlimmsten. Und doch war es nicht so extrem wie an einem Tag in Schweden. Damals war der Wind beinahe mein Endgegner. Ich musste an der Seite eines Berges entlang. Aufsteigend. Gegen den Wind. Nichts wirklich Hohes, aber der Weg war schmal und die Seite des Berges karg. Nichts schützte mich vor dem Wind, der mir rau und gnadenlos ins Gesicht blies. Der Sprühregen ließ mich die Augen zusammenkneifen. Immer wieder traf mich eine Böe von der Seite und schubste mich fast vom Weg. Ich rammte meine Stöcke in die grasbewachsenen Seiten des Weges, um nicht umzufallen. Bald war ich erschöpft, kalt und elend. Ich wollte einfach kapitulieren, dem Trail entgegen schreien, dass er gewonnen habe, dass er mich gebrochen habe. Aber dann rief eine Stimme in meinem Kopf noch lauter, frei nach Astrid Lindgren: „Der Wind wird immer stärker, Pippi“ und zu meiner Überraschung antwortete meine eigene Stimme „Das macht nichts. Ich auch!“. Und ich kämpfte, bis ich endlich über den Kamm auf die windgeschützte Seite kam, auf der ich auf den Boden fiel und dalag, bis sich mein Atem wieder beruhigt hatte und mein Kopf wieder klare Gedanken produzierte. Ich hatte das überlebt, also konnte ich auch das kleine Pusten auf President Jackson managen. Und wie damals begann ich „Kalle Theodor“, Pippi Langstrumpfs Hymne, zu singen.

Minns du en sjöman för länge, länge sen,
minns du hans namn var Kalle Theodor?
Aldrig så ser du den sjömannen igen,
han vilar i havet, Kalle Theodor.
Men en stormnatt kan du höra
nån som ropar: Hej hå!
Ifrån havets djup det kommer
och det låter så:
Hej hå! Hej hå!

(Astrid Lindgren – Pippi Långstrump)

Vielleicht waren Wind und Regen Jacksons Rache, weil ich den Präsidenten nie leiden konnte. Denn nach diesem ersten, noch nicht sehr hohen Gipfel klarte es auf. Die traurigen grauen Wolken wurden weiß und immer weniger dicht, bis sie sich in viele kleine, fröhliche Schäfchen aufteilten. Jetzt sahen sie eher spektakulär als einschüchternd aus, wie sie in die Berge hinein und hinaussprangen, den Blick auf die Bergspitzen und den blauen Himmel kurz verdeckten und dann in der nächsten Sekunde wieder freigaben. Ich lief in Richtung Mount Washington, kam an Piers, Eisenhower, Franklin und Monroe vorbei. Der Weg war die meiste Zeit alpiner Schotter und Sand. Eingemischt war hier ein Material namens Mika. Sobald ein Sonnenstrahl mit ihm flirtete, ließ es den Weg funkeln. Früher haben Menschen Mika benutzt, um eine Art Glas herzustellen, heute benutzt man es nur noch als natürlichen Glitzer. Die letzten zwei, drei Kilometer hoch auf die Spitze von Mount Washington erforderten alpines Steinbrocken-Hüpfen. Eine meiner Lieblingsdisziplinen. Meine Füße übernehmen einfach das Kommando. Meine Augen fixieren die Brocken, meine Füße wählen in Nanosekunden die beste Route. Es ist ein Mix aus Schnelligkeit und Präzision, Kraft und Balance. Kein Gedanke drängt sich in diese Zeit voller Konzentration.

Mount Washington ist berühmt und gefürchtet für seine extremen Wetter. Die höchste gemessene Windgeschwindigkeit auf seinem Gipfel liegt bei 372 Kilometer in der Stunde. Das ist Weltrekord einer Windgeschwindigkeit, die nicht mit einem Tornado zusammenhängt. Erst vor Kurzem wurde der US-Rekord für die extremste Windkühle gebrochen: gefühlte minus 78 Grad Celsius, kälter

Wolkenspiel auf …

… der Presidential Range.

als die durchschnittliche Temperatur auf dem Mars. Aber der Tag, an dem ich den Namensvetter von Amerikas erstem Präsidenten bestieg, war einfach nur ein perfekter Wandertag.

So sehr ich den Weg auf den Gipfel liebte, so sehr hasste ich den Gipfel. Mir war nicht klar gewesen, dass man den Gipfel auch mit Auto und Bergbahn erreichen konnte. Menschen standen in einer Schlange vor dem Gipfelschild. Menschen trugen Sandalen, keinen Rucksack, und erklommen mit zitternden Knien die fünf Meter ungeteerten Wegs bis zum Schild und waren erschöpft, als sie die fünf Meter wieder herabgestiegen waren und der feste sichere Beton sie zurück hatte. Ich war so schnell wieder weg wie ich konnte. Ließ allen ihr Foto am Gipfelschild.

Eine meiner Lieblingsdisziplinen …

… – wenn trocken.

Schlange am Gipfelschild hieß für mich: schnell weg.

Etwa einen Kilometer folgte ich den Bergbahngleisen. Drei vollgestopfte Bahnen fuhren an mir vorbei und ich konnte die Gefühle eines Zootiers verstehen. Ein Mix aus Fremdheit, Scham und Lächerlichkeit. Trotzdem winkte ich meinen Besuchern freundlich zurück, meine Mundwinkel verzogen sich zu einem schelmischen Grinsen, als mir aufging, wer die eigentlichen Gefangenen der Szene waren.

Weiter ging es mit mehr Steinbrocken und alpiner Flora entlang des Bergkamms. Cairns halfen bei der Orientierung über zerklüftete Geröllfelder. Cairns sind Steinhaufen, die bei Nebel beinahe so aussehen wie die Schemen von Menschen. So groß sind die Dinger nämlich. Es kostet eine Menge Kraft und Aufwand einer professionellen Trail-Crew sie zu errichten. Sie sind unheimlich wichtig, damit Wanderer den Weg nicht verlieren und die empfindliche Alpenvegetation vor vernichtenden Fußstapfen geschützt wird.

Ich folgte also Cairns und schmalen Pfaden durch alpine Graslandschaften. Ich kam an Clay, Jefferson und Adams vorbei. Der Blick war atemberaubend. Ich glaube, wir sagen „atemberaubend", weil wir das Gefühl haben, dass unser Herz vor Freude und Staunen und Glück so groß wird, dass es irgendwann unsere Lunge zur Seite drückt und kurz davor ist, aus unserem Brustkorb zu springen.

Zumindest hatte ich das Gefühl, als ich in der warmen Sonne auf den höchsten und unbeugsamsten Gipfeln von New Hampshire stand und in die Ferne schaute.

Ich lief in Timeline hinein, der mir eine ganze Schulstunde in Amerikanischer Präsidentengeschichte gab, nachdem ich den Fehler gemacht hatte, eine einzige Frage zu stellen. Seinen Namen hatte er sich redlich verdient. Obwohl ich Walkie-Talkie auch passend gefunden hätte. Am Ende kannte ich das Geheimnis jedes Präsidenten, aber nicht die Antwort auf meine Frage: Was machten eigentlich Clay und Webster in der Presidential Range? Nach etwa einer Stunde entfernte ich mich höflich aus seinem Unterricht, da meine Ohren drohten abzufallen. In der frühen Abenddämmerung kletterte ich über meinen letzten Präsidenten. Meine Beine fluchten über die 20-Prozent-Steigung auf Mount Madison, meine Konzentration entwischte mir immer wieder, und sobald ich die Baumgrenze erreicht hatte, quetschte ich mein Zelt zwischen die kleinen Bäume. Oh ja, ich war müde. Oh ja, es war anstrengend, aber noch viel mehr war ich dankbar für diesen wundervollen Tag, perfekte Wetterbedingungen und einen Körper und Geist, der diesen Herausforderungen nicht nur gewachsen war, sondern sie auch noch mit Begeisterung annahm. Jetzt hatten sie sich Erholung verdient. Als ich in mein Journal schrieb, bemerkte ich das Datum: 13. Juli 2022. Ich war also am Hochzeitstag meiner Eltern über die berühmteste Bergkette von New Hampshire gewandert. Nicht, dass mein Kopf das geplant hatte, vielleicht wusste mein Bauch es seit Wochen, denn als es jetzt passiert war, fühlte es sich sogar in meinem Kopf besonders an.

Wetterglück auf den Präsidenten

In der Erziehung meiner Eltern ging es immer um Vertrauen, nie um Kontrolle. Ich fühlte mich fähig Probleme zu lösen und meinen eigenen Weg zu finden, weil ich spürte, dass sie an mich glaubten. Und gleichzeitig vertraute ich darauf, dass sie immer da sein würden, wenn ich ihre Hilfe brauchte. Ich mochte es Dinge selbst herauszufinden. Das ging auch schon mal schief und ich bin stolz auf meine Eltern, dass sie mich nie vor dem Scheitern geschützt haben. Diese Misserfolge waren meine eigenen, aber genauso gehörten auch meine Erfolge nur mir. Ich glaube, meine Eltern fühlten nie den Drang, sich mit meinen Erfolgen zu schmücken, sie hatten ihre eigenen. Ich mag es, wenn meine Eltern sich im Spaß darum streiten, wer der schlechtere Elternteil war. Rabeneltern wie wir im Deutschen sagen, aber in unserem Fall definiere ich es eher als liebevolles Fehler machen. Ich habe immer einiges zu lachen und irgendwo zeigt es mir, dass nur weil ich auf einmal Teil ihres Lebens war, ihr eigenes Leben nicht aufhörte. Sie probierten und manchmal ging etwas daneben. Und es war in Ordnung, nicht perfekt zu sein und ich fand es ok, dass sie nicht perfekt waren. Genauso musste ich nicht perfekt sein. Ich brauchte nur alles zu probieren. Was ich probierte, war jedoch meine Entscheidung. Sie drängten mich nie, und da ich immer schon eine hohe intrinsische Motivation hatte, Dinge auszuprobieren, Ziele zu verfolgen, gab es dazu auch keinen Grund. Ich habe keine klaren Erinnerungen aus der Zeit, als ich ein Kind war, so wie wahrscheinlich die meisten, aber ich habe das Gefühl, ich erinnere mich an die Emotionen, in denen ich aufgewachsen bin. Meine Eltern waren noch Studenten und ich wuchs in dieser Atmosphäre auf. Viele junge Leute, die mutig ihre ersten Schritte auf eigenen Beinen gingen, die begeistert neue Dinge lernten, neue Dinge taten, Kontakte knüpften. Ich bin stolz, wie meine Eltern diese Zeit meisterten. Mit mir, aber ohne das studentische Leben zu verpassen. Ich erinnere mich an eine große Wohnung mit alten Möbeln (ich wette, wenn ich die Wohnung jetzt nochmal betrete, denke ich sie ist eher klein, sowie jeder Kletterfelsen auf dem Spielplatz mit den Jahren immer mehr schrumpfte). Ich erinnere mich an kinderfreundliche Nachbarn, einen riesigen Garten (ich glaube dieser war auch objektiv groß). Ich erinnere mich an viel Humor, viel Neugier, viel Loyalität, viele Experimente,

Das erste Zelterlebnis in meiner Erinnerung – Schweden

Mein erstes Privy

viel Zeit. An Liebe, die sich dadurch zeigte, dass man etwas für den anderen tat, den anderen zum Lachen brachte, weniger durch liebevolle Worte oder Körperkontakt. Diese Form lernte ich von anderen.

Ich wachte gegen sechs Uhr morgens auf, aber döste wieder ein. Meine Beine verlangten zusätzliche Zeit in der horizontalen Körperposition. Sie fühlten sich immer noch etwas steif an auf dem ersten, allerdings auch extrem steilen Abwärtsstück, bevor sie wieder in ihren Rhythmus fanden. Ich folgte einem wilden Bach bis zur Pinkham Notch, wo es eine Besucher-Information gab, ich meinen Handyakku lud, zwei Äpfel erstand, herumhing und darauf wartete, dass der einzige Regenguss des Tages vorbeizog, bevor ich weiterlief. Ich hatte nicht vor, Berge zu versetzen und fühlte keine Eile. Ich nahm die Wildcats in Angriff, drei Erhebungen mit wirklich wilden Kletterpartien. Ständig brauchte ich meine Hände, meine Stöcke und herausragende Wurzeln, um die steilen Felsen heraufzukommen. Es fühlte sich an, als wollten die Wildkatzen mich weder ziehen lassen, noch machten sie es mir leicht. Doch an keinem Punkt litt ich, ich machte einfach weiter, nahm den nächsten und den nächsten Felsen in Angriff. Es gibt einen Unterschied zwischen Dingen, die extrem fordernd sind, und der eigenen Entscheidung, darunter zu leiden.

Zu meinem Glück war der Abstieg zur Carter-Scharte und der Hütte nicht halb so wild und lang und dadurch erstaunlich schnell vorbei. Die letzte der New Hampshire-Hütten liegt versteckt zwischen den beeindruckenden Wildcats auf der rechten Seite und Carter Dome auf der linken, hinter zwei kleinen Seen, die mit Seerosen bedeckt waren. Es war ein schöner Ort, nur die beiden Wasserbecken und die Form der Scharte, die der Sonne nur wenige Stunden Besuchszeit erlaubt und dem Wind die perfekte Einflugschneise bietet, lassen die Temperatur früh fallen. Ich füllte meine Wasserflasche in der Hütte auf und ging dann zügig zur Zeltstelle, die etwa 400 Meter hinter der Hütte lag und die Croo mir empfohlen hatte. Ich kuschelte mich in mein Zelt und lauschte dem Wind und den Fröschen, die gemeinsam ein merkwürdiges Konzert veranstalteten.

Ich hoffte, ich würde bald wieder auf gleichgesinnte Leute treffen. Im Moment waren es entweder Tageswanderer oder SoBos, die kaum Zeit für ein „Hi“ hatten, wenn ich aus dem Weg sprang, damit sie vorbei hasten konnten (als wären sie vor irgendetwas auf der Flucht), oder NoBos, auf deren Gesellschaft ich nicht so scharf war. Ich hatte das Gefühl, unsere Vibes passten nicht zusammen. Ihre Sprache war mit zu vielen roten Flaggen gespickt: durchbeißen; weiterkämpfen; harte Arbeit; müssen; bereit, dass es vorbei ist; fertig für die Stadt; keinen Bock mehr; es nervt; das Wetter schlagen oder was auch immer sie bekämpften; da sein wollen; starke Leistung … wer diese Wörter benutzt, signalisiert eine bestimmte Einstellung, die ich weder teile noch davon umgeben sein will. Denn davon umgeben zu sein, macht es zu einfach, in die gleiche Falle zu tappen. Negativität nutzt seine Macht gerne aus und infiziert alle um sich herum. Optimismus und Positivität sind introvertiert.

Der Himmel ist unter unseren Füßen
genau wie über unseren Köpfen.

(Henry David Thoreau)

Das Paradies ist für mich ein Platz wie dieser: unbewachsene, flache Felsvorsprünge, aufgeheizt von der Sonne. Vorzugsweise auf der windgeschützten Seite des Berges. Dabei mit einem Ausblick oder zumindest einem Guckloch in die Ferne. Die Luft duftet nach sonnengerösteten Baumnadeln und bald schon wird das Parfüm der reifen süßlichen Heidelbeeren dazukommen. Der Fels teilt seine Wärme mit meinem Rücken und die Sonnenstrahlen streicheln meinen Bauch, meine Zehen, mein Gesicht. Ich schließe meine Augen und lausche der Stille. Vielleicht nicke ich ein. Vielleicht öffne ich meine Augen und schaue in den Himmel oder in die weite Ferne am Horizont. Vielleicht vergesse ich Zeit und Raum. Vielleicht ist es das, was sie im Yoga Samadi nennen, der Zustand wahrer Meditation.

Carter Ridge, meine letzte Bergkette in New Hampshire, hatte ziemlich viel Paradies für mich zu bieten. Am Vortag erklomm ich die Wildcats, eine Ganzkörperkletterei, eine Ohne-Gedanken-Wanderung, denn sie erforderte all meine Ressourcen, um voran zu kommen. Nun bekam ich das Gegenteil. Ich sog meine Umgebung auf, ich folgte meinen Gedanken neugierig. Gestern hatte der Trail alle Besucher aus meinem Gedankenraum gedrängt, heute konnten frische neue eintreten und bekamen Aufmerksamkeit und Spielzeit. Ich schätze die Vielfalt des Trails. Manche Teile sind wundervoll in sich und manche lassen uns die anderen erst würdigen.

Immer gerne: ein Nickerchen in der Sonne.

Ich war fast traurig, als ich zum Ende der Kette kam. Ich wollte noch einen Aufstieg mehr, ich wollte die Whites noch nicht ziehen lassen. Auf dem Gipfel von Mount Moriah, meinem wirklich letzten Gipfel der White Mountains, legte ich mich in mein Paradies und sang zur Musik aus meinen Kopfhörern. Ich hoffe, niemand war gezwungen Ohrenzeuge zu sein, aber es fühlte sich so richtig und so gut an.

Den einzigen Teil, den ich an diesem Tag nicht liebte, war der Abstieg von dort. Es fühlte sich an, als ob der Wald mich so schnell wie möglich hinauswerfen wollte. Wenn man den Waldweg mit einem Gruppenfindungsprozess vergleicht, dann wäre dieser Teil die Sturm-Phase. Alles ist irgendwie chaotisch. Die Stimmung ist hektisch und aggressiv. Alles kämpft um seinen Platz. Laubbäume kämpfen mit Nadelbäumen. Selbst die Steine haben ihren Platz noch nicht gefunden. Alles kann sich unter meinen Füßen bewegen, selbst die dicksten Steine wackeln, braunes Laub bedeckt Geröll, Äste rollen, Zweige brechen. Durchgehend spielte ich Limbo oder Hürdenläufer an umgefallenen Bäumen, rutschte auf Steinen, blieb in einer Wurzel hängen. Ich verkrampfte. Ich fühlte mich gehetzt bis zu dem Punkt, an dem ich plötzlich stehen bleiben musste, um mich zu versichern, dass ich noch atmetet, um dann weiter zu eilen. Weiter und weiter hinunter. Rutschen, straucheln, drehen, rollen,hängen, hürdeln, quetschen, limboen, eilen.

Zum Glück kommt jeder Gruppenprozess irgendwann in die Norm-Phase. Ich spürte, wie sich der Wald um mich entspannte und tat es ihm gleich. Zweimal überquerte ich Stromschnellen mit dem klarsten Wasser. Ich sehnte mich nach einer Wäsche. Ich fand einen Zeltplatz nahe dem Rattleriver Shelter und entschied mich, den Tag hier zu beenden. Ich hatte vorher überlegt noch die zwei Meilen weiter bis zu einer Straße zu laufen, um nach Gorham zu trampen, da ich leider keine Snacks mehr hatte. Aber jetzt ging ich lieber im Wasser des Rattleriver spielen, statt mir den Tag mit einem Trip zu Walmart zu ruinieren.

Randnotiz aber eigentlich Schlagzeile: – Liebe Sonne, ich bin so glücklich, dass du so ein treuer Unterstützer bist. Bitte teile weiter deine Strahlen, ich versuche das gleiche hier unten zu tun. –

Ich verließ meinen Zeltplatz früh am Morgen. Die Straße tauchte schon auf, als ich gefühlt gerade erst losgegangen war. Ich begann in Richtung Gorham zu laufen, aber bald schon stoppte ein Auto neben mir und ein freundlicher Herr fragte mich, ob er mich mitnehmen konnte. Er musste auch zu Walmart. Der riesige Laden überforderte mich komplett, aber nachdem ich gefühlte zehn mal durch jeden Gang gelaufen war, hatte ich allesm was ich brauchte. Ich war noch nicht ganz aus dem Laden, da bot mir schon jemand eine Rückfahrt an. Und dann stand ich wieder auf dem Trail. Irgendwie immer noch überfordert und irgendwie unfähig Optionen zu sehen. Eigentlich wollte ich mich hinsetzen und meinen Essensvorrat ordnen, ein paar Sandwiches essen, aber in meinem Zustand konnte ich nur eins: losgehen. Ich fand keinen Platz geeignet an der kleinen Straße, der ich eine Zeit folgte bis sie an einem Waldparkplatz endete und der Weg rechts in den Wald einbog. Hier zog ich die Notbremse, setzte mich auf den Boden, konnte langsam wieder atmen und ordnete meinen Kram. Ich packte den Müll von meiner neuen Verpflegung in meinen Rucksack, weil ich mich nicht dazu bringen konnte, ihn einfach auf dem Kofferraum eines der geparkten Autos zu legen. Irgendwo auf der Wanderung fand ich ein paar Tageswanderer, die so nett waren und mir meine Mülltüte abnahmen und zu Hause ordnungsgemäß entsorgen würden.

Ich traute meinen Augen nicht als mir Briannas Vater entgegenkam. Ich hatte Brianna und ihn auf ihrer jährlichen Wandertour in der Nähe von Hanover getroffen. Jetzt war er allein unterwegs und auch nur für eine Tagestour. Dass er dafür genau den Abschnitt gewählt hatte, auf dem ich heute lief, fanden wir beide extrem amüsant. Aber als ich dann plötzlich in No Rush hineinlief, dachte ich wirklich, ich würde verrückt. Ich hatte No Rush in meiner zweiten Nacht auf dem Trail 2018 in Georgia getroffen, am Fuße von Blood Mountain. Ich erkannte ihn sofort. Der Geruch von Kaffee umhüllte ihn, die Zigarette hing zwischen seinen Lippen, ein schiefes Grinsen auf dem Gesicht offenbarte schlechte Zähne, und dennoch wirkte er freundlich und harmlos. Er kam vielleicht acht Kilometer pro Tag voran, stoppte jede Stunde um neuen Kaffee aufzusetzen. Er war jedes Jahr auf einem anderen Teilabschnitt unterwegs und dieses Jahr war es die Grenzregion von New Hampshire und Maine. Zum Glück musste ich mir dieses Jahr keinen Zeltplatz mit ihm teilen und wurde um vier Uhr nachts von einem Husten und Röcheln geweckt, bei dem man No Rushs Leben in Gefahr vermutete. Was offensichtlich unbegründete Sorge war.

Der Weg lief vorbei wie die Landschaft auf einer Zugfahrt. Ich glaube, es gab einige steile Anstiege, nicht Level Hand-Klettern, aber Level Halte-deine-Trekkingstöcke-auf-halber-Höhe und die-Waden-brennen-steil. Ich traf nach langer Zeit wieder auf Iceman und wir liefen ein Stück zusammen. Wir fanden reife Blaubeeren und frönten uns in ihrer Süße.

Ich saß auf Mount Success, die letzte Erhebung von New Hampshire. Mir ging es gut, war nur irgendwie nicht enthusiastisch. Vielleicht war es Nostalgie. Vielleicht Melancholie. Ich dachte an meinen Coach. Ich freue mich immer, wenn die Erinnerung eintritt, aber sie bringt immer auch eine kleine Traurigkeit mit. Die hübsche dankbare Traurigkeit, wenn man jemanden vermisst. Ich snackte an meinen Salzbrezeln mit getrockneten Kirschen, Cranberries, Mini-Reese's und Mandeln. Sie erinnerten mich an ihn. Ich stand wieder mit ihm neben der Laufbahn, wir dippten Salzstangen, die ich hielt, in das gigantische Glas Erdnussbutter, das er hielt. Ich hatte ein Rennen hinter mir, ein weiteres vor mir. Ich war bereit noch einmal alles zu geben. Für mein Team. Für meinen Coach. Denn ich empfand einen Stolz für sie, den ich mit Worten nicht ausdrücken konnte.

Das erste Team, in dem ich spielen lernte, war meine Familie. Viele weitere folgten. Jedes ließ mich wachsen. Ich kann mich nicht erinnern, das ein Team für mich jemals mit einer negativen Erfahrung verbunden war. Denn selbst die schwierigsten Dinge konnte der Zusammenhalt und die Unterstützung, die ich mit meinen Teamkameraden spürte, schaffbar machen. Selbst jetzt, allein irgendwo in einem weit entfernten Wald, fühlte ich mich in einem Team mit meiner Familie und meinen Freunden. In einem Team sein, heißt nicht immer das Gleiche zu machen, es heißt die anderen in die Lage zu versetzen, ihr Bestes geben zu können. Ihnen ein Gefühl von Fähigkeit und Zugehörigkeit zu geben. Auch wenn das Leben meiner Freunde und mein eigenes komplett unterschiedlich waren, fühlte ich immer noch, dass ich ein Teil ihres Lebens war und ich hoffte, dass sie das gleiche auch umgekehrt spürten. Und weil ich ihnen vertraue, dass

Melancholie in der Abendstimmung auf Mount Success.

sie mich lieben und wollen, dass ich glücklich bin, ermutigen sie mich, das zu machen was ich möchte, die zu sein, die ich bin. Wir sind alle exzellent darin, wir selbst zu sein und totale Nieten darin, jemand anderes zu sein, auch wenn wir es oft versuchen. Wir blühen zwischen Menschen auf, die an uns glauben und an sich selbst. Und doch braucht es oft Mut, man selbst zu sein. Weil wir nicht immer von unserem Team umgeben sind, weil wir Angst haben nicht zu passen, weil wir nicht genug vertrauen. Weil, weil …

In der Abenddämmerung überquerte ich eine weitere erfundene Linie und war ab dann in Maine. Ich hatte damit gerechnet, dass ich ein wenig emotional werden würde mit dem Beginn des finalen Staates, aber es blieb nur ein Schild. Es sagte mir, dass es 1908 Meilen (3000 Kilometer) von Springer, 282 Meilen (450 Kilometer) von Katahdin und weniger als eine Meile (einen guten Kilometer) vom Carlo Col Shelter entfernt war. Aus mir unbekannten Gründen lief ich am Abzweig zum Shelter vorbei und weiter auf Maines erste zwei Spitzen, Mount Carlo und Goose Eye Mountain. Meine Shelter-Ignoranz wurde mit einem großartigen Sonnenuntergang belohnt und dann mit der Suche nach einem Zeltplatz im fast Dunklen bestraft.

Die Sonne weckte mich zärtlich, als ihre Strahlen am Morgen mein Zelt kitzelten. Ich feierte meinen winzigen Zelt-Flecken und mein Mandelmus-Bananen-Brot und startete in einen weiteren wunderschönen Tag. Die Landschaft erinnerte mich ein wenig an Schweden. Auf den nackten flachen Plateaugipfeln wuchsen die gleichen Pflanzen wie in den Fjälls. Ich lief über Steine und Sand, durch den schwammartigen Bewuchs der Feuchtgebiete, wo überall Moltkebeeren wuchsen. Wenn Moltkebeeren reif sind, sehen sie aus wie Sträuße aus pastellorangen Luftballons, die direkt aus dem Boden wachsen. Im Englischen heißen sie Cloudberries, also Wolkenbeeren, vielleicht weil sie so zart sind, dass es sich so anfühlt, als würden sie im Mund schmelzen. Sie sind weniger saftig als Blaubeeren, weniger sauer als Johannisbeeren, weniger süß als Himbeeren und weniger herb als Holunderbeeren. Ich war auf Wolke(nbeere) 9(0)! Bei aller Liebe, aber es gibt bessere Ohrwürmer als Bryan Adams Liebesschnulze. Aber wenige Früchte, die ich lieber in Dauerschleife in meinem Mund willkommen heiße!

Bester Wecker. Sonnenkitzel

Im Paradies der Wolkenbeeren.

Ich erreichte die ehrwürdige Mahoosuc-Schlucht! „The Notch" ist ein weiterer dieser legendären Abschnitte auf dem AT, die berühmt und berüchtigt unter Wanderern sind und als die härteste Challenge beschrieben werden, sich letztendlich aber als spaßig herausstellen. Der Weg durch die Schlucht ist eine knapp zwei Kilometer lange, benutz-alles-was-du-hast Passage. Im Schneckentempo arbeitete ich mich voran. Ich sah Eis am Boden zwischen den Felsblöcken und eisigen Nebel aus den Spalten aufsteigen. Ich hing in den seltsamsten Positionen, musste mehr als einmal meinen Rucksack absetzten, um mich durch ein Loch zu quetschen. Es war wieder anders, Abwechslung, nichts, vor dem man beunruhigt sein muss. Durch muss man eh, Sorgen machen verplempert nur die Energie, die man besser für Mahoosuc übrig hat.

Anders als in Schweden sind die Berge im südlichen Maine erstaunlich steil. Nicht sehr hoch, aber dafür viele. In der Regel startete ich mit einer steilen Wurzel- und Steinstufen-Kletterei. Ich brauchte meine Hände, um mich an Wurzeln hochzuziehen, mich an Steinen abzustützen oder mit einem Stamm meine Balance zu halten. Irgendwann wurde aus den Steinen nur noch ein großer Fels, auf dem ich weiter ging. Meine Waden brannten wie Feuer und manchmal musste ich quasi krabbeln, um genug Gewicht nach vorn zu bringen. Die meisten dieser Felswege sind so schmal, dass im Zickzack gehen keine Option war. Manchmal kam näher zum Gipfel hin ein wenig Erleichterung, wenn der Bewuchs karger wurde und der Weg breiter und zickzacktauglich wurde. Ich erinnerte mich, wie mir mein Papa den Zickzack-Trick beibrachte, als ich mit meinem Fahrrad einen sehr steilen Berg hinauf musste. Ich verstand nicht, warum es funktionierte, aber ich machte es ihm nach und es funktionierte. So wie in der Regel immer, wenn Papa mir zeigte, wie man Dinge macht.

Papa würde mir zeigen, wie ich Dinge machen sollte, aber mir nie aufschwätzen, was ich machen sollte. Die Entscheidung des „Was" lag bei mir. Er würde Punkte anführen, die ich in Erwägung ziehen sollte, aber die ultimative Entscheidung war meine und er würde diese Entscheidung unterstützen und mir nie vorhalten, dass ich mich besser anders entschieden hätte. Gut, das Konzept galt nur für die großen „Was" im Leben. Die kleinen „Was" zu delegieren war seine Spezialität. Er kann gut delegieren und er ist es gewohnt, dass die Dinge dann auch erledigt werden. Das soll aber nicht heißen, dass er faul ist. Im Gegenteil. Ich erinnere mich, das er immer bis spät arbeitete, freiwillig Finanz-Aufgaben in Vereinen übernahm. Er macht alle Steuererklärungen und sonstigen Papierkram. Daher war es normal, dass er auch an Wochenenden mehrere Stunden am Schreibtisch verbrachte. Als ich noch zu Hause lebte, ärgerte mich das manchmal oder vielleicht machte es mich eher traurig. Ich wollte gerne, dass er etwas mit uns mitmacht. Nur selten konnte ich ihn überreden, ein Spiel zu spielen, irgendwo hinzufahren, Weihnachtskekse zu backen oder sonst was mit uns zu machen. Ich glaube, als ich kleiner war, machte er eine Menge dieser Sachen mit, aber an irgendeinem Punkt, oder wahrscheinlich war es kein Punkt, sondern eine Linie, hieß es „Nein", wir sollten das lieber allein machen. Kein genervtes Nein, sondern ein Ich-fühle-mich-gerade-nicht-danach-Nein. Ich wollte etwas finden, was ihn begeisterte. Ich war neidisch, als er zu den Fußballspielen von meinem Bruder ging, aber nicht halb so oft zu meinen Handballspielen kam. Ich wollte, dass er zu meinem Bruder geht, aber ich wollte, dass er auch mich sah. Aber Laufen, Laufen war immer die Sache von Papa und mir. Es gehörte nur uns, eine Magie nur zwischen uns beiden. Die einzige Zeit, wo ich ihn nur für mich hatte. Keine Anrufe, keine E-Mails, die ablenkten. Nur wir, draußen. Er fuhr mich zu Wettkämpfen und ich war so stolz, wenn er da war. Manchmal nahm ich meine Inliner mit und raste damit vor und zurück, während er einen langen Lauf mit Freunden machte. Manchmal lief ich mit ihnen. Ich beobachtete gerne, wie mein Papa gemocht wurde. Denn ich liebte ihn und er war immer der Beste, den ich kannte. Außerdem mochte ich es, zu merken wie mein Papa über mich sprach, wenn ich nicht da war. Seine Freunde waren immer ganz gut informiert darüber, was ich gerade machte, sie erzählten mir, wie er ihnen begeistert und stolz von etwas erzählt hatte, das ich gemacht hatte. Diese indirekten emotionalen Reaktionen meines Papas reflektiert zu bekommen, bedeutete mir viel, weil er so etwas nicht gut direkt ausdrücken kann. Er sagte selten „Danke" oder „Ich bin stolz auf dich, ich liebe dich, das war spitze". Ich lernte diese Wertschätzung auf indirekten Wegen zu finden. „Danke" kam als eine Chauffeursfahrt zum Bahnhof, „Ich liebe dich" als „Kommst du am Wochenende nach Hause?", „Danke fürs kochen" als „Gibt es noch mehr davon?", „Ich bin stolz auf dich" in der

Papa und ich bei unserem gemeinsamen Marathon im Sauerland

Form, dass er meine Wettkampfergebnisse kannte, bevor ich sie selbst wusste, „Ich sorge mich um dich" in der Frage „Und wie viel verdienst du dort?". Das einzige Mal, an das ich mich erinnere, dass mein Papa sich offen um mich sorgte, war, als auf einer Wanderung in den Alpen ein Stein auf meinen Kopf fiel. Es regnete, daher trug ich eine Kapuze. Irgendwann später fragte ich ihn, ob er etwas an meiner Kapuze richten könnte und da sah er, dass die Innenseite meiner Kapuze voller Blut war, genau wie auch meine Haare. Den gesamten restlichen Weg zur Hütte und den gesamten Abend hatte er mich ständig gefragt, ob ich irgendetwas brauche, ob er irgendetwas tun konnte. Es war so seltsam, so von ihm bemuttert zu werden, es verwirrte mich im gleichen Maße, wie ich es genoss.

Während ich also mit Wadenfeuer die Felsen hochmarschierte, erstaunte es mich erneut, wie viele Pflanzenarten hier ihre Nische gefunden hatten. Flechten und Mieren sind die Pioniere unter den Pflanzen. Sie starten mit nichts auf dem nackten Stein und laden dann immer mehr Arten auf ihre neu entwickelte Basis ein. Die ersten Gäste, die sich an den Boden kuscheln, sind immergrüne wie die schwarze Krähenbeere oder die rote Preiselbeere, rosa Azaleen, Goldruten, lilafarbene Trunkelbeeren und die schmackhafte Blaubeere. Weiße Diapensien lieben besonders windige Abhänge, fangen aufgewirbelte Erde auf und halten so viel Wärme unter sich, dass sie dort ein eigenes Mikroklima aufbauen. Als ich oben ankam, eröffnete sich mir ein gigantischer Blick, der all das Feuer in meinen Waden wert war. Grüne Berge in alle Richtungen, Seen wie blaue Farbkleckse auf dem dunkelgrünen Hintergrund. Heute Morgen schliefen die Wolken noch im Flusstal. Manchmal ließ mich der Trail ein wenig länger oben, aber meistens führte er auf der anderen Seite in gleicher Manier wieder herunter. Das Abwärtslaufen fühlte sich an, als würden meine Füße jeden Moment vorn aus dem Schuh rutschen. Ich schämte mich nicht, Steintreppen rückwärts runter zu klettern, so wie man kleinen Kindern zunächst beibringt Treppen und Leitern herunter zu klettern. Sichere und effiziente Methode! Oder ich belustigte mich selbst damit besonders steile Abschnitte einfach auf dem Popo herunter zu rutschen.

Sonne. Aussicht. Blaubeeren. Perfekt.

Zwischen Beerenschmaus, Wadenfeuer und Hand- und Fuß-Kraxelei auf und ab schlängelte sich der Trail durch moosige Nadelwälder mit Tonnen von Elchlosung. In Schweden hat mir mal jemand erzählt, dass die Deutschen Touristen ernsthaft diese Litschi-großen Hinterlassenschaften als Souvenir kaufen. Aber ich kann weder den Dung noch Geld essen, also ließ ich sie den Käfern, Fliegen und Schmetterlingen. Zwischendurch ging es in das Herrscher-Territorium der Laubbäume hinab. Zu Rot-Ahorn, Weiß-Esche, Gelb-Birken, Buchen und Eichen. Und dann wieder hoch.

Ich bin fleißig.
Fleißig damit beschäftigt einen Fuß vor den anderen zu setzen.
Mit Träumen, Staunen, Hingucken. Tief einatmen. Hinhören.
Damit, freundlich zu sein, vergebend zu sein, dankbar zu sein.
Damit, Lächeln, Liebe, Geschichten zu teilen.
Und ich werde so lange damit beschäftigt sein,
wie ich Lust habe!

An meinem dritten Tag in Maine fing es am Nachmittag an zu regnen. Niesel entwickelte sich zu langen Fäden, die immer dicker wurden und sich nach einem finalen Guss in Dauerregen einpendelten. Irgendwo darin schlug ich in Rekordzeit mein Zelt auf und dennoch wurde alles nass. Und wurde noch nasser: Auf einer Seite meines Zelts wurde der Boden zu einer Pfütze, Absorbtionsrate nach unten und Wassermenge von oben standen in keinem guten Verhältnis zueinander. Meine Matratze wurde zu einem rettenden Boot. So lange ich darauf blieb, war ich sicher. Mein Schlafsack war trocken und warm und gemütlich. Mein Zelt schützte mich von oben und wehrte allen aufspritzenden Dreck von den Seiten ab. Ich fing an mir Vorwürfe zu machen, dass ich nicht im letzten Shelter geblieben war, aber als ich dort war, war die Option nie in meinem Blickfeld gewesen. Ich machte mir Vorwürfe, dass ich nicht nach Andover ins Hostel getrampt war, aber auch die Option hatte es in meinem Kopf nie gegeben. Ich konnte doch keine Entscheidung bereuen, die nie zur Debatte stand? Vielleicht wäre es klug gewesen. Vielleicht! Die gleiche Chance bestand, dass es grausig gewesen wäre. Ich hatte darauf vertraut, dass mein Zelt mich beschützte und irgend so einen dummen Gedanken konnte ich das doch jetzt nicht kaputt machen lassen. Ich erinnerte mich daran, wie Coach, wenn er merkte, dass ich im Wettkampf die Kontrolle verlor und anfing zu viel zu denken, immer „Go to your happy place" rief. Und jetzt folgte ich seinem Rat. Ich besuchte all die Orte wieder mit meinem Team, Cross Country Rennen, Conference Meetings, ich genoss die Sonne auf unserer Veranda, ich lag mit Lucia auf dem Rasenplatz, ich lief mit Brianna auf dem MKT, ich lag mit Naomi in der Hängematte und las, ich stapfte im Tiefschnee durch Stevens Park, ich roch den Trainingsraum, die Tartanbahn, die Sonne. Ich sah begeisterte Menschen an der Seite, wir umarmten uns im Team. Ich sah das stolze Gesicht meines Coaches. Meine Tante war mit meinen Cousins zu Besuch. Und dann reiste ich noch weiter weg. Als ich zurückkam war es Morgen … und alles war wieder gut.

Im Vietnamesischen ist das Wort für jemanden vermissen und sich an jemanden erinnern dasselbe.

(Ocean Vuong – On Earth we are Briefly Gorgeous)

Der Regen hatte in der Nacht nicht aufgehört, er hatte nur immer wieder seine Intensität geändert. Es war noch dunkel, alles um mich herum war nass und schmutzig, aber ich war trocken und warm. Die Pfütze war weg, der Regen war jetzt nur noch Wasser, das der Wind von den Bäumen schüttelte. Als es irgendwann heller wurde, begann ich zu packen. Der Dreck war schwarz und bedeckte die untere Hälfte meines Zelts. Ich gebe zu, widerlich! Meine Kleidung war immer noch triefnass und stank nach nassem Hund. Ich gebe zu, widerlich! Aber ich hatte mein zweites Set und ich war so dankbar für diesen Luxus. Ich startete mit einem langen Aufstieg. Es wurde schnell klar, dass es heute kein Problem darstellen sollte eine Wasserquelle zu finden. Der Weg war ein einziger Bach.

Ich spielte „Nicht das Wasser berühren" und war für einige Zeit sogar wirklich erfolgreich. An einigen Stelle war es dann aber unvermeidbar, dass die Füße komplett im Wasser versanken, aber ich spielte trotzdem weiter. Sinn hatte es keinen, aber Spaß machte es. Ich balanciere auch über jede Holzplanke, egal ob der Weg daneben trocken oder nass ist, die Planke neu oder halb verrottet, breit oder schmal. Weil ich es lustig finde.

Nach ein paar Stunden fand ich eine schnuckelige kleine Bank an einem „Aussichtspunkt", und nahm für einen kleinen Snack Platz. Ein Mann tauchte auf und ich fragte ihn, ob er sich auch setzen wollte. Er bejahte, also packte ich meine Sachen von der Bank, rutschte, um ihm Platz zu machen. Nach kurzer Zeit fing er eine Unterhaltung an: „Du weißt wahrscheinlich nicht wie das Wetter werden soll?" fragte er. „Für gewöhnlich schaue ich in den Himmel", sagte ich. Daraufhin sagte er eine Weile nichts und erzählte mir dann, das gegen drei Uhr ein Gewitter gemeldet wäre. „Wenn ich du wäre, würde ich drei Meilen zum nächsten Shelter gehen und dort bleiben. So mache ich es", deklamierte er arrogant. Dann zündete er sich eine übel riechende Zigarette an ohne zu fragen. Da raffte ich meine Sachen zusammen, stellte mit ruhiger Stimme fest, dass ich sein Verhalten respektlos und scheußlich fand und ging frustriert. Frust wurde zu Traurigkeit. Sie goss sich über meinen ganzen Körper. Ich war traurig, das ich keine gleichgesinnten Leute mehr fand, ich war traurig, dass wir verletzen, wenn wir verletzt sind, und mit einem Mal vermisste ich meine Heimat in einer Intensität, die schmerzte. Ich vermisste den Geruch eines frisch gekochten Abendessens aus der Küche meiner Mama, ich vermisste den versteckten Stolz meines Papas, ich vermisste die flachsten Witze meines Bruders, ich vermisste das Lachen meiner Freundin, ich vermisste den Schnack mit meinem Kumpel, ich vermisste meinen Opa, der meiner Reise im kleinsten Detail auf der Karte gefolgt wäre, und vor allem vermisste ich eine Umarmung. Ich vermisste Brettspiele mit Freunden, ich vermisste eine Mahlzeit an einem vollen Tisch, ich vermisste eine begeisterte Diskussion, ich vermisste es herumzualbern, ich vermisste Kekse backen, ich vermisste Zusammensein ... Ich ließ die Traurigkeit in Ruhe, ich versuchte nicht sie zu verjagen oder sie zu leugnen. Es war in Ordnung traurig zu sein. Es war okay zu wandern und traurig zu sein, das war immerhin besser als nicht zu wandern und traurig zu sein.

Der Wald wurde lichter, ein Sonnenstrahl berührte mein Gesicht und in meinem Kopf fing John Denver an zu singen: „Sunshine on my shoulders makes me happy, sunshine in my eyes can make me cry ..." und heute tat es das. Endlich fand meine Traurigkeit einen Ausgang. Es stellte sich als schwierig heraus zu wandern, während Tränen mir die Sicht verschwammen, aber es fühlte sich so befreiend an, als hätte man der Badewanne den Stöpsel gezogen. Traurige Tränen wurden zu dankbaren Tränen. Denn es ist eigentlich ein Geschenk jemanden zu vermissen oder besser gesagt, das Mit-der-Person-sein-Gefühl zu vermissen. Es zeigt doch, wie viel es uns bedeutet und wie viel Liebe wir neben der Person spüren. Und ich war so dankbar, dass es so viele Menschen in meinem Leben gab, die ich vermissen konnte. Dankbarkeit entwickelte sich in Glückseligkeit. Die Sonne schien. Der Trail hatte mir seine Magie gezeigt.

Als ich den Berg weiter hinunter ging, fand ich das Glück, Trail Magic, in einer Kühlbox. Und was hätte mich glücklicher gemacht, als eine Banane und ein Erdnussbutter-Marmeladen-Sandwich zum Nachmittagssnack. Mir fiel ein, dass es ja regnen, sogar gewittern sollte. Ich schaute nach oben, aber es sah nicht so aus, als würde es in der nächsten Zeit passieren. Ich überquerte die Rangeley Lake Panorama Street und erreichte das Spruce Mountain Areal. Der Wald ähnelte jetzt wirklich dem in Südschweden. Es war ein ruhiger Weg, ohne kraxeln, mit vielen verrotteten Holzplanken über den weichen Waldboden. Geschwungene Hügel, ein klarer See. Ich hatte nicht das Bedürfnis anzuhalten, ich wollte weiter durch diese herrliche Umgebung laufen, obwohl die Sonne schon tief stand. Aus Freude wechselte ich in höheres Tempo, rannte, sprang, balancierte durch den Nadelwald. Alles hat seine Zeit, langsam und schnell, fröhlich und traurig, Sonne und Regen. Tu was immer du willst, tu es einfach im Jetzt.

Sonne nach dem Regen. Rangeley Lakes.

You can do whatever you want to do
Anything you want you can do
You can say whatever you wish to say
But if you do that, please make it true
You can chase a dream in the black of night
But you can make it walk to you
You can treat the world like a piece of dust or a pot of gold
You can be a child in your heart or you can grow old
You can laze around in your jeans or put on a suit
You can be the boss of the company or just join the queue
You can close your eyes to the dark or make it bright

(Yusuf/Cat Stevens – You can do [Whatever!])

Am nächsten Morgen freute ich mich, dass ich am Vortag so weit gegangen war. Erstens sah ich eine goldene Sonne über South Pond aufgehen und zweitens war ich schon früh in Rangeley. Nach kurzer Zeit bot mir jemand eine Mitfahrgelegenheit an und später zurück ging es auch ziemlich einfach. Danke an meine beiden Chauffeur-Engel! Wieder einmal hatte ich am Ende das Gefühl, dass ich immer noch nicht ganz herausgefunden hatte, wie ich das „Zivilisationsding" am besten gestaltete. Ich ging zuerst zum Supermarkt und dann ins Zentrum des kleinen Orts. Ich dachte ich würde dort ein kleines Café oder eine Bäckerei finden, um dort ein bisschen abzuhängen. Sicherlich hätte Rocker genau so etwas gefunden! Ich aber wusch zuerst ein paar meiner Klamotten im See und saß in einem Liegestuhl. Aber sitzen und auf einen See starren konnte ich auch auf dem Trail, also schaute ich mich nach einem Café um. Ich fand sogar eins, allerdings gab es dort wirklich nur Kaffee. Dazu muss ich wohl erwähnen, dass ich keinen Kaffee trinke. Aber die netten Besitzer ließen mich trotzdem dort sitzen. Sie hatten gemütliche Stühle auf der schattigen Terrasse. Ich lud meinen Akku auf, sendete ein paar Lebenszeichen und schaute ein paar Videos der Leichtathletik WM, die gerade in Oregon lief. Dann überlegte ich, dass ich mal ordentlich zu

Mittag essen sollte, allerdings gar keine Lust hatte herumzusuchen. Also ging ich kurzerhand zurück zum Supermarkt. Am Morgen hatte richtig Lust auf eine riesige Schüssel Haferflocken mit frischem Obst, Nüssen und ganz viel Hafermilch gehabt, aber jetzt merkte ich, dass schon der Punkt mit der großen Schüssel schwierig war. Ich aß also letztendlich mehr Bananen-Sandwiches und Salat-Sandwiches und einen Muffin, der sich leider als Enttäuschung entpuppte. Weit entfernt von gehaltvoll und zufriedenstellend, sondern nur pappsüß, voller leerer Kalorien, aber ohne Geschmack. Ich wünschte mich kurz zurück nach Hanover, um dort eine Köstlichkeit aus der kleinen Bäckerei zu erstehen … oder Riley's Muffins! Am Ende hatte ich das Gefühl zwar gut gegessen zu haben, aber nicht wirklich anders als auf dem Trail. Ich hatte sechs Stunden abseits des Trails verbracht und hatte trotzdem das Gefühl, dass alles irgendwie zu schnell gegangen war. Ich hatte zu schnell gegessen, zu schnell getrunken. Die Autos fuhren zu schnell. Menschen um mich herum entschieden sich zu schnell. Ich lief zu viel mit meinem Rucksack auf dem Rücken umher. Aber hey, irgendwie hatte ich meine Zeit im Ort dann doch genossen.

Zurück auf dem Trail standen mir einige coole Gipfel bevor Saddleback Mountain versuchte mich mit all seinen falschen Gipfeln zum Narren zu halten, vom Mount Hornet ging es einen extrem steilen Weg wieder hinab. Dann ignorierte ich einen Zeltplatz, um auch noch Saddleback Junior abzuhaken, der im Alpenglühen vor mir stand. Spektakulär genug für mich, um zu verdrängen, dass ich den Teil danach im Dunklen gehen müsste. Oder eher im Halbdunklen. Der Mond schien so hell und sein Licht wurde von Steinen und Wurzeln, die aus dem Matsch herausguckten, reflektiert. Ich brauchte keine Taschenlampe, um all die Matschfallen trocken zu überqueren. Ich war ziemlich stolz auf mich. Ich hatte immer großen Respekt vor Nachtwanderungen gehabt, aber heute hatte ich mich mutig genug gefühlt, es zu probieren. Ich wusste, dass nicht allzu weit hinter dem Junior ein Shelter war, wo ich einen Platz für mein Zelt finden würde. Als ich es erreichte, war es schon nach neun Uhr. Echte Nachtwanderer würden jetzt wahrscheinlich lachen. Doch in der Hütte schliefen alle schon, also versuchte ich so leise wie möglich mein Zelt aufzubauen und mit meiner jetzt nützlichen Lampe nicht in die Richtung des Shelters zu leuchten. Ich wollte niemandes heiligen Schlaf stören.

Und ich hatte Erfolg. Am Morgen waren alle, bis auf einen, komplett überrascht mein Zelt zu sehen. Und der eine hatte kurz wahrgenommen, dass ich kam und war dann sofort wieder eingeschlafen. Es waren nette Leute. Wir frühstückten gemeinsam auf den Baumstammbänken, die um die Feuerstelle lagen.

Ein SoBo fragte mich heute, ob ich „auch versuche dem Regen zu entkommen“, da ich früh schon weit gekommen war. „Was? Nein“. Ich wollte nichts entkommen, außer dummen Fragen, und das einzige was ich tun konnte war mit dem Regen zu spielen, wenn er ins Spiel einstieg. Ich konnte schon spüren, dass etwas in der Luft lag. Als ich Crocker North Peak hinaufging, hörte ich Donner. Ich war nicht sicher, wo meine Überzeugung herkam, aber ich war voller Vertrauen, dass das Gewitter mich nicht erreichen würde und in der Tat kam es nie näher. Es war, als wäre zu meiner Linken eine unsichtbare Wand, die keinen Sturm durchließ.

Sobald ich den Abstieg von Crocker geschafft hatte, schaute ich mich nach einem geeigneten Schlafplatz um. Allerdings dauerte es eine Zeit bis ich etwas halbwegs Brauchbares fand und selbst das schien eher eine Parkbucht an einer Waldstraße zu sein. Kurz diskutierte ich mit mir, aber dann hörte ich wieder den Donner. Und wieder wusste ich nicht, warum, aber ich war sicher, dass es mich diesmal treffen würde. Ich baute mein Zelt auf, legte mich kurz hinein und versuchte abzukühlen. Aber die Luft war zu heiß und dick wie Rübensirup. Ich kroch also heraus. Das Licht war sehr besonders. Über mir türmten sich die dunkelgrauen Gewitterwolken auf, aber weil die Sonne am klaren Horizont unterging, war es um mich herum nicht gewittersturmdunkel. Beim Abendessen spürte ich die letzten Sonnenstrahlen und dann den ersten Regentropfen. Schnell stopfte ich alles in meinen Ursack und hüpfte in mein Zelt. Ich legte mich auf meine Matratze und hörte dem beruhigenden Klang des Regens auf meinem Zeltdach zu. Langsam wusch er den Sirup und die Hitze aus der Luft. Ich hörte den Donner und sah die hellen Blitze, aber fühlte mich sicher und glücklich und fiel wenig später in den Schlaf.

Wind in my hair I feel part of everywhere
Underneath my being is a road that disappeared
Late at night I hear the trees they're singing with the dead
Overhead

(Eddie Vedder – Guaranteed)

Ich bekam das Gefühl als würde der Aufstieg auf die Bigelow Mountains nie enden. Steile Steintreppen, kein stetiger Marsch-Anstieg. Der Wald sah aus, als würden hier Märchen geboren. Besonders, weil alles noch vor Nässe triefte. Massive Felsblöcke und umgestürzte Bäume lagen wild herum. Zwergbäume wuchsen auf den Blöcken. Ich ging durch die Heimat von Elfen, Feen, Pilzleuten, Zwergen, Mucklas, Trollen, Tomtes und Heinzelmännchen. Sie erzählten mir Geschichten, mal schön, mal traurig, mal schwermütig und trüb wie mein Herz heute.

Bigelow Fairy Tale.

Ich sollte einmal die Dinge auf dem Boden beschreiben. Letzten Endes schaue ich dort ja die meiste Zeit hin, denn wenn ich es nicht tue, stolpere ich sofort. Es gibt hunderte Arten von Pilzen. Eine völlig verrückte Lebensform. Es gibt sie in allen erdenklichen und nicht erdenklichen Formen, Farben und Größen. Die Natur ist extrem kreativ. Manche sehen aus wie Bauschaum. Gelb und klebrig-glänzend, eingefüllt in einen Riss in der Rinde. Manche sind rund wie ein Ball, andere sehen aus wie ein vornehmer Regenschirm, manche wachsen wie ein Diskus aus dem Stamm. Ich sah sogar einen in Waffelhörnchen-Form. Es gibt riesige Einsiedler und winzige Schwarmpilze, die aussehen wie ein Strauß Blumen. Die Farben reichen von Weiß über leuchtend Gelb und Orange zu Rot und sogar Lila. Nicht zu vergessen all die Erdtöne dazwischen. Manche haben eine glatte, fast glänzende Oberfläche, andere sind pelzig. Manche sind schleimig und manche sehen aus, als hätten die Waldbewohner sie mit Schmucksteinen dekoriert. Es sitzen eine Menge Kröten herum. Seltsame Kreaturen, manche so groß wie meine Hand, andere so klein wie mein Daumennagel. Allen ist Eleganz eher ein Fremdwort. Die Frösche sind agiler. Der häufigste ihrer Art ist der Laubfrosch. Ich höre ihn immer, wenn ich in die Nähe eines Teichs komme. Ein präzises Quak. Manchmal verwechsle ich eine Schildkröte fast mit einem Stein. Im letzten Moment nehme ich das farbige Rückenmuster wahr und mir wird bewusst, dass dieser Stein ziemlich lebendig ist und eigentlich Schildkröte heißt. Wenn ich auf der trockeneren Seite des Berges bin, höre ich manchmal eine Schlange zurück unters Laub huschen. Sie sind hier oben weder giftig noch besonders groß. Das Territorium der Klapperschlangen,

Mokassin- und Wassermokassin-Schlangen ist weiter südlich. Manchmal sehe ich auf einem Stein die Überreste des Mittagessen eines kleinen Nagers: Das Innere eines Zapfens ist viel bunter, als ich erwartet hätte und es sieht aus, als hätte jemand Blüten auf den Stein gestreut.

Irgendwann kam ich dann doch oben an und der Ausblick vom Gipfel war gewaltig. Ich saß lange dort oben, schaute hinaus über Flagstaff Lake, der riesig und still und tiefblau im Tal lag. Ich wollte in seine Kühle eintauchen, mich treiben lassen. Aber zunächst musste ich absteigen. Der kleine Bruder von Bigelow wollte auch noch überquert werden. Ich verlief mich bei dem Versuch. Für einige Minuten hatte ich keine Ahnung, wo der Weg war. Eigentlich kein großes Ding, aber für mich in dem Moment zu riesig. Ich fing an zu weinen. Meine Tränen waren ein Mix aus Erschöpfung, Frust, echtem physischen Schmerz in meinen Beinen und Einsamkeit. Ich sehnte mich danach irgendwo anzukommen, irgendwo dazuzugehören, meinen Rucksack abzulegen und einfach irgendwo zu lassen. Irgendwo, wo ich immer wieder hin zurück konnte …

Am Abend fand ich mein Irgendwo und Frieden, als ich verstand dass das Zuhause ein Ort ist, für den wir uns auch entscheiden können. Wir können immer unterwegs sein, auf der Suche sein. Hoffen, dass es der nächste Ort sein wird, der uns als Zuhause dienen kann. Unsere Erwartungen werden enttäuscht werden und wir hasten weiter, hoffen, dass es der nächste Ort sein wird. Oder der

Blick auf Flagstaff Lake.

nächste. Aber das wird er nicht. Denn wahren Frieden und Zugehörigkeit müssen wir erst in uns selbst finden. Dann können wir jeden Ort zu unserem Zuhause machen, auch wenn es nur für ein paar Tage ist, für ein paar Stunden, vielleicht sogar nur für ein paar Minuten. Mein Zuhause lag zwischen den Bäumen am See. Mein Zuhause war das Baden in der untergehenden Sonne. Mein Zuhause war am Lagerfeuer zu sitzen. Mein Zuhause war einzuschlafen zum rhythmischen Klatschen der Wellen gegen das Ufer und dem geisterhaften Heulen der Seetaucher über dem Wasser.

Man kann den heutigen Sonnenaufgang nicht genießen, wenn man immer noch über den Sonnenuntergang von gestern nachdenkt.
Mal hat man einen guten Tag. Mal hat man einen schlechten Tag. Es gibt keinen Grund, dass ein schlechter Tag dich daran hindert später einen guten Tag zu haben.

Auf dem gesamten AT ist die Überquerung des Kennebec River die längste ohne Brücke. Er kann nur, oder besser, er sollte nur mit dem offiziellen Boot überquert werden. Er ist zu tief und zu stark, um durchzuwaten und zu schwimmen mit einem Rucksack klingt nach einer ziemlichen Schnapsidee. Ich weiß, dass manche Leute beides gemacht haben und immer noch machen. Die Mitarbeiter des Appalachian Trail Conservancy wussten das auch. Nach einigen dramatischen Unfällen installierte die ATC einen Kanu-Service. Er kostete Wanderer zehn Dollar und änderte nicht wirklich etwas. Erst als das Kanu als offizielle AT-Route markiert wurde, indem ein weißes Rechteck auf dessen Boden gemalte wurde und die Gebühr entfielen, akzeptierte die Wandergemeinschaft den Chauffeur-Service. Heutzutage fährt das kleine Kanu zwischen Mai und September jeden Tag von neun Uhr morgens bis 14 Uhr. Ich hatte also zwei Optionen: vor zwei Uhr mittags etwa 29 Kilometer schaffen oder es sehr langsam angehen lassen und die Fähre am nächsten Tag nutzen. Am Abend tendierte ich zu Option zwei. Wenn ich mich so fühlte wie heute, würde ich Option eins auf keinen Fall schaffen. Aber wer sagte mir, dass ich mich morgen so fühlen würde wie heute. Also stellte ich meinen Wecker auf fünf Uhr mit der Absicht, die Entscheidung auf den nächsten Morgen zu verschieben. Ich könnte den Wecker einfach ausstellen und losgehen oder liegen bleiben. Es war genau richtig, denn am Morgen war ich heiß auf meine persönliche Kennebec River Challenge. Die Nacht war mild gewesen: keine eingefrorenen Finger, nachdem ich mein Zelt abgebaut hatte. Und dann marschierte ich los. Ich marschierte wie eine Irre. Ich hatte riesigen Spaß. Der Trail belohnte meinen Enthusiasmus mit gut begehbarem Untergrund und sanften Hügeln. Und doch war er wie ein forderndes Kind: Bleib immer aufmerksam, außer du willst, dass irgendetwas fällt. In diesem Fall du selbst. Viele Wurzeln und Steine, Pappellaub, verdecktes Geröll, aber tatsächlich sehr intakte Holz-Balancier-Planken und einige Nadelbaum-Abschnitte in Flirtlaune mit meinen Füßen. Ich lief an einem Schild vorbei und erhaschte mit meinen Augenwinkeln eine Zahl. Vier? Moment, was? Ich hielt an, ging einige Schritte rückwärts, schaute auf das Schild. Und tatsache, das stand vier Meilen (6,4 Kilometer) zum Kennebec River. Ich schaute auf meine Uhr: 10:15 Uhr. Da sagte ich mir, dass ich wohl genug Zeit für eine Pause hatte. Auf dem Schild stand außerdem, dass ich in ein paar hundert Metern durch den Pierce Pond waten musste und ich entschied, dass dies ein guter Ort für ein Frühstück war. Ich zog meine Socken aus, meine Schuhe aber wieder an, um meine Füße vor spitzen Steinen und scharfen Kanten zu schützen. Das kalte Wasser an meinen Füßen und Waden tat gut. Auf der anderen Seite stellte ich meine nassen Schuhe in die Sonne und lief barfuß auf den weichen, warmen Nadeln umher, pflückte Blaubeeren, die meinem Haferflockenmix noch einen extra Kick gaben. Ich erreichte noch vor zwölf Uhr das Ufer des Kennebec.

Kennebec River.

Ich winkte dem Ruderer in dem kleinen Kanuboot zu, ein Bär von einem Mann, mit Armen so dick wie meine Oberschenkel, aber sanft wie ein Teddybär. Ich nahm das zweite Ruder, aber wahrscheinlich machte meine Hilfe für ihn keinen Unterschied. Ja, meinte er, er würde das den ganzen Sommer machen. Er rudere gerne, meinte er. Er war draußen, unterhielt sich mit einer Menge unterschiedlicher Menschen und wurde dafür sogar bezahlt. Er konnte sich keinen besseren Sommer-Job vorstellen. Ich winkte ihm zum Abschied und lief fröhlich weiter, immer noch aufgekratzt vom Adrenalin durch meine erfolgreiche Challenge. Zu meinem Glück zwang mich Kimberley zum Feiern meines Sieges. Eine halbe Meile nach der Flussüberquerung hatte sie gerade alles für ihre Trail Magic aufgebaut. Sie verwöhnte mich mit Bananen und salzigen Chips, literweise kaltem gefiltertem Wasser, Eistee und Süßigkeiten, die zwar aus nichts weiter als Zucker bestanden, doch wie ein Kind fand ich die giftig aussehenden, grellen Farben unwiderstehlich. Ich war ihre erste Besucherin und ich blieb auch ihre einzige am heutigen Tag. Sie teilte, was ich brauchte: Essen, Wasser und jemanden, der mich zwang innezuhalten und zufrieden zu sein.

Viel zu oft rasen wir weiter, wenn wir ein Ziel erreichen. Denn im ersten Moment haben wir noch so viel Rückenwind durch den Erfolg, dass es sich unsinnig anfühlt, einen Gang herauszunehmen. Aber wenn der Wind nachlässt, merken wir häufig, dass er uns einfach irgendwo hin geblasen hat. Wir verlieren die Orientierung, wir wissen gar nicht mehr, worauf wir gerade zusteuern. Und dann verlieren wir die Freude am Weg, am Prozess.

Ich hoffe, ich teilte mit ihr, was sie brauchte. Jemanden, um den sie sich kümmern konnte, jemanden mit dem sie reden konnte, jemanden, der Geschichten außerhalb ihres Alltags erzählte, jemanden, dem sie am Ende eine Umarmung schenken konnte. Nach einer oder vielleicht zwei Stunden war ich ordentlich regeneriert und hatte ein neues Ziel. Ich wollte auf die Erhöhung, von der man zum ersten Mal Mount Katahdin sehen konnte, und ich wollte einen See zum Baden finden. Ziel eins klappte eventuell. Ich kann weder beweisen noch widerlegen, dass die Spitze, die ich für Katahdin hielt, auch Katahdin war. Ziel zwei klappte so halb. Es war ein Fluss statt eines Sees, aber ein weicher mit Kiefernnadeln ausgelegter Zeltplatz. Ich aß Kimberleys Reismahlzeit und lächelte zufrieden über den Tag.

Egal, wie dein Tag war: Bevor du zu Bett gehst, entscheide, dass der nächste Tag gut wird. Denn es gibt keinen Grund, warum das nicht so sein sollte. Heute spürte ich wieder diese Neugierde, die ich gestern vermisst hatte. Neugierde darauf, wo der Trail mich hinführt, was er mich erleben lässt, wen er mich treffen lässt, und was ich fühlen werde. Ich mag Überraschungen. Ich mag es, mich den Zeichen, die die Welt mir gibt, hinzugeben. Ich vertraue gerne darauf, dass alles gut wird.

Probier's mal mit Gemütlichkeit, mit Ruhe und Gemütlichkeit
Jagst du den Alltag und die Sorgen weg
Und wenn du
Stets gemütlich bist und etwas appetitlich ist, dann nimm es dir egal von welchem Fleck
Was soll ich woanders, wo's mir nicht gefällt?
Ich gehe nicht fort
Hier, auch nicht für Geld
Die Bienen summen in der Luft, erfüllen sie mit Honigduft
Und schaust
Du unter den Stein, erblickst du Ameisen, die hier gut gedeih'n
Probier mal zwei, drei, vier
Denn mit Gemütlichkeit kommt auch das Glück zu dir!
Es kommt zu dir!

(Terry Gilkyson/Heinrich Riethmueller – Probier's mal mit Gemütlichkeit [Bär Balu in „Das Dschungelbuch"])

Ameisen sind eine ziemlich faszinierende Spezies. Es gibt etwa 12.000 verschiedene Arten auf allen Kontinenten außer ANTartica (im Englischen ein lustiges Wortspiel). Manche können bis zu sieben Zentimeter groß werden, während andere kaum einen Millimeter klein werden. Auch ihre Farbe variiert von schwarz, braun, rot, orange bis sogar zu grün, blau oder lila fluoreszierend. Ihr Unterleib ist transparent und verrät daher die Farbe ihrer Nahrung. Ich stelle mir vor, dass es regelmäßig zu diesem Vorwurf kommt: „Du kannst es nicht verleugnen, du hast meine sauren Gummiwürmer gefuttert!“. Eine Ameise kann das 50-fache ihres eigenen Körpergewichts tragen. Wenn ich das könnte, dann wäre ich in der Lage, vier Pferde gleichzeitig hochzuheben. Sogar Pippi Langstrumpf schafft nur eins. Ameisen werden von einer oder mehreren Königinnen regiert. Diese leben am längsten und legen Millionen an Eiern. Alle Arbeiterameisen sind weiblich. Sie babysitten, putzen, bauen, kämpfen, transportieren, melken. Ja, Ameisen melken Blattläuse. Sie schützen ihre Nutztiere vor Angreifern, damit sie zu jeder Zeit durch das Streicheln der Blattlaushinterteile Honigtau melken können. Männliche Ameisen haben Flügel, leben aber nur für ein paar Tage, um ihren Samen zu verbreiten. Danach sind sie nutzlos und sterben. Manche Kolonien haben die männlichen Vertreter gleich ganz abgeschafft. Die Königin klont sich einfach asexuell selbst. Ich frage mich immer wieder, was eine Ameise eigentlich tut, wenn sie mal wieder kilometerweit in meinem Rucksack getrampt ist. Findet sie ihren Weg zurück? Schließt sie sich einem neuen Klan an? Startet sie einen neuen Klan mit anderen Landstreichern oder stirbt sie an Einsamkeit? Vielleicht ist sie auch mit Absicht getürmt und startet jetzt ihr neues individualistisches Leben!

Im Gegensatz zu Balu sind Ameisen nicht auf meiner Delikatessenliste, aber Bald Mountain am Morgen war dennoch schmackhaft. Schmackhaft ist vielleicht ein seltsames Adjektiv für einen Ausblick, aber nicht für die Blaubeerteppiche, die auf dem ganzen Gipfel ausgelegt waren. Definitiv hatten sich das Glück

Irgendwo dahinten ist Katadhin Mountain.

und ich gefunden. Dahinter führte der Trail gemächlich am Flusslauf des Bald Mountain auf und ab und folgte dann dem westlichen Arm des Piscataquis River, bis es links einen kurzen, knackigen Anstieg hinaufging und dann sanft bis zu Lake Hebron und einer wunderbaren Kiefernnadel-Zeltstelle ausrollte. Was war eigentlich die Definition von See und Teich? War es die Größe oder die Tiefe oder die Bodenbeschaffenheit oder die Wasserversorgung oder etwas ganz anderes? Dieser hier war groß, aber zum Schwimmen ungeeignet, da der Boden weich und schlammig war. Ich sank bis zu den Knien ein und Schlammbaden überlasse ich lieber den Elefanten. Ich genoss einen längeren Abend. Ich aß meinen Couscous, las ein wenig, gab meinen Füßen eine lange Massage, spürte die letzten Sonnenstrahlen auf meiner Haut. Sogar die Mücken ließen mir meine Ruhe.

Welchen Tag haben wir?, fragte Puuh.
Es ist heute, quiekte Ferkel.
Mein Lieblingstag, sagte Puuh.

(A. A. Milne – Winnie-the-Pooh/Pu der Bär)

Es regnete leicht, als ich am Morgen aufstand. Ich hatte nur wenige Kilometer vor mir. Ich war kurz vor Monson, wo Shaws lag, das wohl bekannteste Hostel auf dem gesamten AT. Es ist das letzte, bevor alle Nordwanderer die 100-Meilen-Wildnis beginnen, an deren Ende der Baxter State Park und Mount Katahdin liegen. Jedes Jahr landet es im Ranking der beliebtesten Hostels ganz vorn.

Als ich 2018 wanderte, übernachtete ich in ein paar Hostels, aber das Woodchuck Hostel in Damascus (Virginia) war mein klarer Favorit. Salty und ich kamen dort spät abends an. Wir hatten den Damascathon bestritten: 40 Meilen nach Damaskus. Wir wurden vom Besitzer warmherzig begrüßt, fanden im Gefrierfach kostenloses Ben&Jerry's-Eis, lagen auf der Veranda hinter dem Haus und schauten in den Nachthimmel. Dann schlugen wir unser Zelt unter dem Carport auf und schliefen, bevor unser Kopf die Matratze berührte. Am Morgen weckte uns der Duft von frisch gebackenen Waffeln, Kartoffeln und Eiern. Woodchuck selbst stand stolz vor dem Herd und hatte es sich zur Aufgabe gemacht, fünf hungrige Wanderer satt zu bekommen. Ich türmte Bananen und Blaubeeren auf meine Waffel, trank Tee und Mandelmilch, bis ich so voll war, dass das Bewegen schwer fiel. Salty ging es genauso, also blieben wir den halben Tag im Hostel und spielten Karten auf der Veranda, bevor wir Woodchuck nochmals dankten und uns verabschiedeten.

Beliebte Beute – nicht nur vor Monson.

Im Nieselregen hatte ich eine ganze Tüte mit Blaubeeren gepflückt, bevor ich den Highway erreichte und dort unmittelbar eine Mitfahrt angeboten bekam. Ein freundlicher Herr hatte einen Wanderer aus Monson zum Trail gebracht und nahm jetzt mich und zwei wartende Frauen gerne mit. Bevor er uns bei Shaws rausließ gab er uns noch eine Sightseeingtour durch Monson. Die zwei Minuten gönnten wir ihm. Monson bestand aus etwa 20 Häusern, wovon etwa fünf von allgemeinem Interesse waren: ein Tante-Emma-Laden, ein Restaurant, eine Tankstelle, das AT-Infohäuschen und zu meiner Überraschung eine recht bekannte Kunstgalerie.

Mein erster echter Stadttag und Hostelaufenthalt wurde ein guter. Statt Geld zu bezahlen durfte ich im Austausch für meine Bleibe einen Berg Handtücher und Bettzeug falten. Jemand schenkte mir eine riesige Tüte Trailmix (wie kann man den denn nicht mögen!). Ich nahm eine ausgiebige Dusche mit – Achtung! – Seife, es gab Blaubeereis, ein paar lustige Unterhaltungen hier und da, ein gemütliches Bierchen in kleiner Runde am Abend. Keine große Gruppe von Leuten, die sich alle schon kennen und der ich mich vorstellen muss. Das überfordert mich immer, dann prasseln die Fragen wie Bomben auf mich ein. Und ich will einfach nur wegrennen. So war es gut. An einem Punkt am Nachmittag fühlte sich das Nichtwandern seltsam und gut zugleich an. Bezogen auf das Wetter hatte ich mir den perfekten Tag für meinen „Nero“ ausgesucht. Nero ist Wander-Slang für einen Tag, an dem man fast nicht, also nearly zero, wandert. Mein Zelt erlangte einige Berühmtheit, nachdem es den Wasserfall vom Hausdach, während wiederkehrender heftiger Regenschauer, überstand. Ich hatte die Regenrinne direkt über mir nicht gesehen, als ich es auf dem schönen grünen Rasen aufstellte. Im Wald gibt es keine Regenrinnen. Jetzt hatte auf jeden Fall jemand ein Video, wie mein Zelt von besagtem Wasserfall getroffen wurde und trotzdem innen trocken blieb. Ein anderer hatte eine, wie er sie nun nannte, Pi-Hose, da ich ihm die Schere geliehen hatte, mit der er sie kürzte. Ein weiteren Wanderer sprach über das belgische Bier-Delirium. Seit er südwärts von Katahdin gestartet war, fühlte er sich in einem solchen. Auf einmal kannten mehrere Leute meinen Namen. Bis dahin war ich eher inkognito gewesen.

Ich rief meine Mama an, um ihr zum Geburtstag zu gratulieren. Ich freute mich, dass mein Nicht-Plan tatsächlich so aufgegangen war, dass ich genau an ihrem Geburtstag an einem Ort mit Internetverbindung war und ich glaube, sie freute sich auch. Meine Mama blieb bis weit nach Mitternacht wach, um alle Kuchen für eine Feier oder ein Familientreffen zu backen. Sie liebt die Zeit, weil sie komplett ungestört ist. Das einzig Störende ist, dass sie im Gegensatz zu irgendwelchen Spitzenköchen zwischendurch immer wieder selber spülen muss und die Küche natürlich zu klein ist. Sie war immer die erste, die sich bei einer Kuchenspende eintrug und bevor ich das erste Mal am Kuchenbuffet war, war ihr Kuchen garantiert schon weg. Als ich in der Grundschule war, backte sie Kekse in Buchstabenform. Jedes Kind bekam seinen Anfangsbuchstaben. Im Kindergarten machte sie eine bunte Version von Marmorkuchen, der als „Giftkuchen" berühmt wurde. Jedes Kind liebt es sich vorzustellen Dinge zu essen, die wir nicht essen können. Mit einer Freundin spielte ich gerne ein Spiel, für das wir ein Menü mit allen möglichen ungenießbaren Dingen aufschrieben. Meine Mutter kreierte daraus dann etwas, das so aussah, aber natürlich essbar war. Es machte uns so viel Spaß! Ich wünschte, ich hätte eine unserer Menükarten behalten. Mama spielt gerne Spiele. Es gab eine Zeit, in der meine Mama und ich eine Stunde früher aufstanden, damit wir noch eine Partie Carcassonne spielen konnte, bevor ich zur Schule musste und mein Bruder wach wurde und Aufmerksamkeit verlangte. Wenn wir zur Bücherei gingen, nahmen wir neben Büchern immer auch ein Spiel mit nach Hause. Meine Eltern lasen mir beide viel vor. Geniale Bücher. Dicke Bücher. Ich hatte so viele Kindheitshelden. Ich glaube ihre Ideen formen bis heute meinen Blick auf die Welt. Mama las alle

Mama und ich beim Backen

Astrid-Lindgren-Bücher. Papa las Michael Ende, Mama Urmel, Papa „Das Sams“ und viele mehr. Später las ich meinem Bruder vor. Es war eine meiner Lieblingsbeschäftigungen und ich war diejenige, die mein Bruder bevorzugt als Vorleser wählte.

Falls meine Eltern sich jemals Sorgen um mich machten, dann zeigten sie es nie. Das bedeutete für mich einen Menge Freiheit, aber auch eine Menge Verantwortung. Ich lernte früh meinem eigenen Urteil zu vertrauen. Meine Mama war immer interessiert an dem was ich tat, ohne unangenehm neugierig zu sein. Sie hörte gerne meinen Geschichten zu, sie lernte gerne von mir. Sie war mein erster Fan. Danke Mama.

Have no fear
For when I'm alone
I'll be better off
Then I was before
I've got this life
I'll be around to grow
Who I was before
I cannot recall

(Eddie Vedder – Long nights)

Am Morgen aß ich eine riesige Schüssel Haferflocken mit frischem Obst zum Frühstück. Denn diesmal hatte ich nach der Idee auch eine gigantische Schüssel zur Verfügung! Mein Engel war heute Kevins Frau. Sie setzte mich am Trailhead ab, wodurch ich nicht mal auf den Shuttle von Shaws warten musste. Sie gab mir außerdem noch einige No-Shit-Riegel mit, durch die ich meinen Essensvorrat wunderbar aufstocken konnte. In Monson war es nicht so einfach, das zu finden, was ich wollte. Das Wandern fühlte sich gut an. Wieder Inkognito fühlte sich gut an. Komfortzone. Ohne ein Gefühl für Zeit und Distanz folgte ich dem Pfad, der sich durch Laubwald schlängelte. Ich wusste schon nicht mehr, ob ich die letzten zehn Minuten hinauf oder herunter gegangen war. Selbstvergessen. Vollkommen im Rhythmus mit der Welt. Zuletzt erklomm ich Barren Mountain. Kurz dahinter zeigte ein Schild nach Cloud Pond, einen Kilometer abseits des Trails. Er war jeden zusätzlichen Schritt wert. Cloud Pond lag so friedlich, so ruhig, so unbewegt da. Ich wollte einfach nur neben ihm liegen und seiner Stille lauschen.

Über Nacht verschwanden sogar die paar wenigen Wolken. Der Himmel war sternenklar und am Morgen rigoros blau. Der Pfad wand sich wieder auf und ab, rechts und links, heute aber auf der Nadelbaum-Ebene. Ich genoss es unter den dunkelgrünen Koniferen zu laufen. Es roch nach Fichtenharz und sonnengewärmtem Waldboden. Dieser war so weich und federte unter meinen Füßen. Es fühlte sich an, als würde ich über einen Schwingboden laufen, den die Turner benutzen. Nur besser natürlich, ich war schließlich draußen. Ich durchquerte einige Flussläufe in meinen Flip-Flops, das kalte Wasser in der Mitte des Tages war erfrischend. Ich lief barfuß weiter, bis meine Füße wieder getrocknet waren. Es war Nachmittag, als der nächste Trailabschnitt die letzte höhere Bergkette vor Katahdin überqueren würde. Ein Teil von mir hatte keine rechte Lust mehr weiterzugehen, doch ein anderer Teil hatte keine Lust, den Tag schon für beendet zu erklären. Letzterer gewann. Zunächst ging es einem Bergbach folgend angenehm bergan, was mich wieder in Wanderlaune versetzte. Nach einer kurzen Snackpause ging ich weiter über den ersten Gipfel. Kurz dahinter war ein netter Zeltplatz, aber inzwischen war ich motiviert auf einen weiteren Gipfel. Und dann stolperte ich auf einmal in Iceman und gemeinsam überquerten wir noch einen Bergrücken und plötzlich standen wir auf Whitecap, dem vierten und letzten Gipfel. Wir aßen gemeinsam, während wir auf einem großen Stein saßen, der von der untergehenden Sonne beschienen wurde und schauten auf Mount Katahdin in der Ferne (Wahrscheinlichkeit von 99,9 Prozent, dass es wirklich Katahdin war). Der Weg dorthin lag irgendwo in dem tiefgrünen Wald, an Seen, die wie Stücke vom Himmel zwischen den Bäumen lagen, führte über eine kleine Erhebung hier und da. Ich freute mich auf mehr Nächte an unberührten Seen, auf den Duft von Tannennadeln und Blaubeeren, auf das Heulen der Seetaucher.

An genau so einem Platz kam ich heute tatsächlich an. Antlers Campsite am Jo-Mary See war ein wunderschöner Ort. Das Wasser war klar, das Ufer flach, Seetaucher heulten in der Ferne und Huckleberries wuchsen in Massen auf dem mit Kiefernnadeln bedeckten Boden. Perfekt für ausgiebige Erholung, die ich nach dem Wahnsinn heute brauchte.

Ich begann auf einem einfachen Pfad, doch der – im Vergleich zu allem vorherigen – wirklich kurze Aufstieg auf Mount Boatman fühlte sich deutlich

Carry Pond

schwerer an als erwartet. Am Crawford Pond machte ich eine Pause. Als ich wieder loslief, fühlte sich mein Magen ein wenig flau an, aber davon abgesehen war alles in Ordnung und ich hatte sogar Lust auf ein paar Flitze-Meilen. Also shuffelte ich los. Ich querte eine Waldstraße und winkte einem Van zu, der am Rand parkte. Die beiden Insassen stiegen aus und riefen mich zurück. Ob ich Wasser und ein paar Snacks brauchte? Ihre Namen waren Sweet Potatoe und Warren Doyle. Sie unterstützten eine Freundin, damit diese einen Teil des Trails rennen konnte, ohne viel Gepäck zu tragen. Sie lief eine enorme Anzahl an Meilen pro Tag! „Keine Scheu, nimm dir so viele Riegel wie du magst. Wir haben so reichlich! Wie war dein Name?“ „Pi.“ „Oh, jemand erwähnte deinen Namen bei Shhhhaaaaaaaaaaawwwwww ... Mädchen, bist du bei mir, hey! Hörst du mich? Mädchen!“ Als ich wieder zu mir kam, lag ich auf dem Boden. Warren Doyle und Sweet Potatoe knieten über mir und schauten sehr besorgt. Mein ganzes Gesicht war ein einziger Schmerz. Da war Blut an meinem Arm. Da war Sand und Dreck und Blut in meinem Mund. Im nächsten Moment hatten die beiden mir aufgeholfen, mich in den Kofferraum des Vans gesetzt. Warren Doyle tupfte das Blut von meiner Nase, verteilte Desinfektionsspray auf den Wunden. Sweet Potatoe hielt mich in ihren Armen, sagte ganz viele liebe Worte. Dann gab sie mir Wasser mit einer Elektrolyt-Mischung. Mein Mund brannte. Die ersten Schlucke nutzte ich um Sand und Dreck auszuspucken. Warren Doyle checkte meine Pupillen, bat mich meinen Nasenknochen zu prüfen. Alles schien an seinem Platz zu sein. Sweet Potatoe rollte ihre Matratze vor dem Wagen aus, damit ich mich hinlegen konnte. Sie umsorgten mich so hingebungsvoll, dass mir die Tränen kamen. Es war schließlich ziemlich unheimlich, aus dem Nichts das Bewusstsein zu verlieren und einfach Gesicht voran umzukippen. Aber meine Tränen liefen aus Dankbarkeit, aus dem Gefühl gleichzeitig so verwundbar und so beschützt und umsorgt zu sein. Ich weiß nicht, wie lange ich bei ihnen blieb. Sweet Potatoe wich nicht von meiner Seite, während ich erst liegend, dann irgendwann sitzend auf der Matte langsam verarbeitete, was passiert war. Es war ein unbezahlbares Geschenk, dass sie da war. Chef Decker, Hums, Checklist und Omam, mit denen ich auf Little Boatman kurz gesprochen hatte, kamen den Pfad hinauf, und stoppten, als sie unsere unvorhergesehene Runde bemerkten. Ich war froh, dass sie nicht viele Fragen stellten. Sie setzten sich einfach dazu und wir hörten allen den Abenteuern von Warren Doyle zu. Wie sich herausstellte, war er eine echte Legende in der AT-Gemeinschaft. Bevor ich aufbrach, beendeten wir noch unsere angefangenen Sätze: Jemand hatte meinen Namen bei Shaws erwähnt. Er erinnerte sich an ein stilles Mädchen, dass eher für sich blieb, aber sehr zufrieden wirkte, viel lachte. Sweet Potatoe bestand darauf und ich erhob keinen Einspruch, dass Chef Decker und ich gemeinsam die gut sechs Kilometer bis zur Antlers Campsite liefen. Wir blieben alle fünf an diesem Ort und ich war froh, zu wissen, dass Menschen in meiner Nähe waren. Ich weiß nicht, was der Grund für den Unfall war. Wahrscheinlich war es eine ungünstige Kombination aus Mangel an Elektrolyten, Essen, mein Körper, der irgendetwas bekämpfen musste, und dass ich so plötzlich stoppte, nachdem ich über die vorangegangenen Kilometer gerannt war. Zu viel für meinen Blutdruck, also verabschiedete er sich kurzerhand. Verständlich irgendwo. Aber andererseits hätte er sich keinen besseren Ort für die Verabschiedung aussuchen können, als vor den gutherzigsten Menschen, die zufällig in einem Van mit allem Nötigen herumfuhren. Eine Schönheit werde ich auf meinem Gipfelfoto nicht sein, aber ich werde dort ankommen und Courtney finden.

Ich habe es noch gar nicht erwähnt, aber meine Freundin Courtney hatte mir versprochen, mich im Baxter State Park abzuholen. Sie war meine Zimmerpartnerin, als wir im vergangen Jahr in Costa Rica eine Yogalehrer-Ausbildung machten. Sie lebt irgendwo in New Hampshire an der Grenze zu Maine. Als ich bei Shaws war, schrieb ich ihr wann ich wahrscheinlich am Ziel wäre und wie der Zeltplatz in Baxter Park hieß, auf dem AT-Wanderer ankamen und dass ich ab dem nächsten Tag keinen Empfang mehr haben würde. Sie schrieb mir, sie würde da sein. Ich vertraute ihren Worten und nicht ohne Stolz erzählte ich jedem, dass ich am Ende von meiner Freundin abgeholt werden würde. Es fühlte sich so besonders an. Zu wissen das am Ende jemand Vertrautes da sein würde, um mich zu umarmen, um einfach da zu sein. Der vielleicht nicht verstand, was ich eigentlich da gemacht hatte, aber mich einfach dafür liebte, dass ich es getan hatte. So ist Courtney.

In der Nacht öffneten die Wolken ihre Schleusen, als hätten sie dazu monatelang keine Gelegenheit mehr gehabt. Am Morgen waren dafür alle Wolken weggeregnet, der Himmel wieder rigoros blau und die Sonne ging frisch leuchtend über dem See auf. Auf dem Trail zeigten sich jedoch die Nachwirkungen des Sturms. Entweder war er quasi selbst ein Fluss oder von den heruntergekommenen Wassermassen ausgewaschen. Nadeln und Blätter lagen in kleinen bis großen zusammenkehrten Haufen auf dem nackten Untergrund. Davon abgesehen verlief der Trail leicht auf- und absteigend bis zum nächsten See. Dort gab es einen kleinen Steinstrand, sonnig und luftig. Ich legte mein Zelt zum Trocknen aus, meine Socken und Schuhe dazu und schlief kurz wie ausgeknockt ein (was gar nicht so abwegig war, betrachtete man mein zugerichtetes Gesicht). Meine Socken und Schuhe waren nach fünf Minuten wandern wieder komplett durchweicht. Ich überquerte eine kleine Erhebung (ich durfte ja nicht vergessen, wie man klettert), bevor der Pfad einen weiteren huckleberryreichen Teich passierte und dann zum nächsten großen See einem Flusslauf hinauf folgte. Ich hatte länger mit mir gerungen, aber mein Hirn schrie heute nach Futter. Ich hatte das Gefühl, als würden die Kilometer durch die Wildnis irgendwie an mir vorbeiziehen, nichts Extravagantes, angenehm aber, doch ohne viel Input. Ich gab also nach und packte mir einen Podcast auf die Ohren, bis ich wieder auf Iceman stieß. Er mochte das Nachtwandern und überholte mich immer, wenn ich schon in meinem Zelt lag und schlummerte. Ich überholte ihn, wenn er morgens noch in seinem Zelt lag und schlummerte. Ich wollte am Rainbow Lake übernachten. Der Weg verlief eine längere Zeit entlang seines

River Trail After Antlers Camp

Ufers und neckte mich lange. Erst ganz am Ende eröffnete er mir einen guten Zeltplatz. Ok, zugegeben, auf dem ausgeschriebenen Zeltplatz wollte ich nicht bleiben, weil Iceman und ich uns gerade noch so gut unterhielten. Dank ihm hatte ich eine grobe Idee, wie ich aussah: „Als hättest du dein Gesicht kurz in einen Schokokuchen getunkt“. Ich badete im letzten Sonnenlicht auf dem See, bevor eine Mückenarmada mich in mein Zelt zwang.

I don't wanna feel
I don't wanna know
I just want to close my eyes and go

(Charity children – Whispering Still)

Am nächsten Morgen verbrachte ich mindestens eine Stunde mit Blaubeeren pflücken auf den Felsvorsprüngen. Sie waren dick und saftig und süß. Und köstlich, so köstlich. Ich wünschte, ich hätte einen Eimer, um ihn zu füllen. Danach fühlte ich mich auf den letzten Meilen nach Abol Bridge, das Eingangstor zu Baxter Park, der Heimat von Mount Katahdin, etwas ungeduldig. Ich traf wieder auf Iceman und Trouble, wir schleckten jeder eine Riesen Kugel Eiscreme und plötzlich war ich irgendwie verpflichtet, mit den beiden in den Park zu starten.
Es ist ein bisschen kniffelig mit der Camping-Situation im Park. Die günstigen Plätze für Fernwanderer, „The Birches“, sind sehr begrenzt. Am Eingang des Parks registriert man sich und trägt sich in eine Liste ein. Wenn die Liste voll ist, muss man schauen, dass man woanders übernachtet: Auf den teuren Besucherplätzen, die für ein Zelt natürlich viel zu groß sind. Deswegen wollten wir im Falle des Falls einen dieser Plätze miteinander teilen. Aber wir hatten Glück. Es gab noch drei Plätze auf der „The Birches“-Liste, was mich auch von der Verpflichtung befreite, bei den beiden zu bleiben. Ich mochte Trou-

Blaubeer-Paradies

bles Gesellschaft nicht so gerne. Sie versprüht Pessimismus, der auch Iceman infizierte, wenn er mit ihr zusammen war. Ich genoss die letzten 14 Kilometer lieber in meinem Tempo und in meiner eigenen Gesellschaft. Ich traf auf ein älteres Paar Tageswanderer, die ein Spiel spielten. Die Regeln waren einfach: Siehst du ein Loch in einem Baum, musst du erst etwas hineinwerfen, bevor du weitergehen kannst. Natürlich spielte ich sofort mit und traf das Loch mit einem Tannenzapfen zum Glück im zweiten Versuch. Als ich den ersten Besucherzeltplatz erreichte, winkte ich einer Gruppe zu, die um ein Feuer saßen und lachten und irgendwie positive Energie ausstrahlten.

In dem Moment sprang eine Frau von ihrem Stuhl auf und winkte hysterisch zurück. Ich traute meinen Augen nicht, aber es war wirklich Sweet Potatoe! Mit ihrer Ultra-Running-Freundin und ihrer Familie. Warren Doyle war mit seinem Van schon wieder Richtung Virginia abgereist. Sie luden mich ein, zum Abendessen, zum Zusammensitzen und mein Zelt auf ihren Platz zu stellen. Ich genoss es unter Leuten zu sein, die nicht wie ich Hiker waren. Es fühlte sich an, als wären es alte Freunde, die zusammen lachten und Geschichten über das Leben und Reisen erzählten. Und Sweet Potatoe war froh, dass es mir gut ging. Mich lieber mit meinem Schokokuchen-Gesicht im Gedächtnis behalten zu können als wie ich vor ihr umkippte. Am Ende hatte mir sogar dieser Wahnsinn ein Geschenk mitgebracht.

Sweet Potatoe und ich am Morgen meines Katadhin Aufstiegs. Ich noch mit (wahrschelich schon deutlich hübscherem Schokokuchen Gesicht.

Was ist die Zeit?
Sie kann sich anfühlen wie eine Ewigkeit oder vorbeirasen,
sie kann sich ziehen wie Kaugummi oder vergehen wie im Flug.
Man kann sich Zeit nehmen oder lassen, mit der Zeit gehen,
an ihrem Puls oder an ihr vorbei leben,
auf sie spielen, sie nutzen, haben, verschwenden, totschlagen,
stoppen, verbringen, verlieren, gewinnen …
Ich glaube am besten habe ich über die Zeit
von Momo gelernt:
So haben die Menschen ein Herz,
um damit die Zeit wahrzunehmen.
Alle Zeit, die nicht mit dem Herzen wahrgenommen wird,
ist verlorene Zeit. Denn Zeit ist Leben.
Und das Leben wohnt im Herzen.

(Michael Ende – Momo)

Der Tag des finalen Gipfels! Ich hätte mir keinen schöneren wünschen können. Die Sonne schien, beim Aufstieg war es vielleicht noch ein wenig zu windig, aber selbst der Wind ließ später nach. Der Aufstieg machte Spaß. Herausfordernd war er, aber auch so belohnend. Für mein Gipfelfoto machte ich einen Kopfstand, damit ich später nicht jedem mein Schokokuchen-Gesicht erklären musste. Außerdem betrachte ich die Welt gerne auf dem Kopf. Ich aß meine Haferflocken mit frischen Blaubeeren. Sie schmeckten heute extra köstlich. Für eine lange Zeit genoss ich die Sonne und den Ausblick. Ich feierte jeden AT Wanderer, dessen Abenteuer hier zu Ende ging. Beim Abstieg schloss ich zu Kevin und Maui auf, und gemeinsam meisterten wir die etwas knifflige Klettermeile. Danach schickten sie mich mit einem lachenden „Lass dich nicht von alten Leuten aufhalten“ vor. Am Parkplatz traf ich Kevins Frau, was mich sehr freute. Sie hatte mich zum Trail gefahren und mich mit Riegeln ausgestattet, als ich bei Shaws war. Die beiden hatten gemeinsam begonnen, aber dann verletzte sie sich und folgte ihrem Mann daraufhin mit dem Auto. Es erlaubte ihr auf eine Art immer noch mit dem Abenteuer, den Wanderern, dem AT verbunden zu sein. Sie blieb in den Hostels, erkundete die kleinen Orte auf dem Weg zum nächsten Treffpunkt und sorgte für neue Verpflegung. Sie meinte, am Anfang wäre sie sehr traurig gewesen, aber jetzt mochte sie ihre neue Aufgabe auf dem Trail. Nicht nur für mich war sie ein Engel. Gemeinsam warteten wir noch, bis Kevin den Pfad entlang kam. Dann ließ ich die beiden feiern und setzte mich an einen Picknicktisch und hoffte einfach, dass Courtney irgendwann auftauchte. Ich trank mein kleines Mini-Schnäpschen, das ich ein paar Wochen zuvor noch verschlossen auf einem Zeltplatz gefunden hatte. Manchmal wurden meine Müllsammel-Bemühungen mit einer kleinen Leckerei belohnt, zum Beispiel noch vollen Elektrolyte-Päckchen, oder eben diesem Schnaps. Ich fühlte mich sofort ein wenig angeschwipst. Ein Mix aus dem Alkohol und dem Fass voll mit Dankbarkeit für den Trail, in den ich eingetaucht war. Dass er in den letzten 55 Tagen so gut auf mich aufgepasst hatte. Mir den Glauben geschenkt hatte, dass ich ein Glückskind bin, wenn ich ich selbst bin. Wie Alexi Pappas es ausdrückte: „Zunächst wunderte ich mich wie und warum mir diese besonderen Dinge passieren, und dann lernte ich, dass die Antwort ist, weil ich ein Glückskind bin und ich versuche die Art Kind zu sein, zu der das Glück kommt. Man muss daran glauben, dass man die schönen Überraschungen des Lebens auch verdient. Man bereitet sich darauf vor.“ Der Trail wird mir dabei helfen, weiter daran zu glauben. Es wird mein Mantra für den weiteren Monat und ich werde auch nach dieser Reise daran glauben. Denn ich werde nicht zurück gehen und den Mensch vermissen, der ich hier draußen bin, so wie es mir zu oft passiert ist. Diesmal weiß ich, das dieses Ich sich auch mit mir ins nächste Abenteuer stürzen wird. Selbst wenn das Abenteuer heißt, mich irgendwo niederzulassen, einen Job zu finden und Alltag zu haben. Der Trail kann überall sein. Ich kann überall die sein, die ich hier bin.

Mein Gipfel Foto.

Blick von Mount Katadhin.

On the Road

Ich begann gerade zu überlegen, ob ich vielleicht auf dem Parkplatz weiter die Straße entlang nach Courtney schauen sollte, da bog ein schwarzer Cadillac um die Ecke. Er stoppte mitten auf der Straße, ein Fenster wurde heruntergelassen und eine mir bekannte Stimme schrie „Pia!!!!" Mein Herz hüpfte vor Freude, als ich Courtney sah. Wir lachten und lachten über das ungewohnte Ausmaß an Vertrauen, auf das wir gesetzt hatten. Wir konnten nicht sicher sein, dass ich es wirklich an dem vereinbarten Tag hierher schaffte. Courtney kannte nicht mal meinen Nachnamen oder meinen Trailnamen oder ob irgendwer bei mir war. Aber sie wusste, wie ich aussah und dass sie mich abholen wollte. Ich wusste nichts über ihre Fahrt hierher, womit sie ihr Geld verdiente oder welches Auto sie fuhr. Aber ich wusste, wie sie aussah und dass sie kommen würde. Wir starteten unmittelbar in Richtung New Jersey, wo ich Pam, die ich wie Courtney in Costa Rica kennen gelernt hatte, besuchen wollte, und Courtney hatte kurzerhand beschlossen mit zu kommen. Um ein Uhr nachts fielen wir in ein Motelbett …

Courtney, Pam und ich.

… um wenige Stunden später weiter zu fahren. Pam versorgte uns wie eine Mutter. So ist sie. Ich war froh die beiden um mich zu haben. Sie sind für mich wie eine Fernsehshow. Ich habe das Gefühl, als lebten sie in einer Welt, die ich nie gesehen habe, nie erlebt habe. Sie reden über Sachen, von denen ich keine Ahnung habe. Aber ich höre ihnen gerne zu, beobachte sie. Es unterhält mich. Ich bin ein Außenseiter, ohne mich außen stehend zu fühlen. Ich bin eigentlich froh, das ich in anderen Blasen aufgewachsen bin, ich andere Herausforderungen, Interessen, Dinge, die wichtig waren, hatte. Vielleicht hätte ich mich vor einigen Jahren seltsam gefühlt, hätte weg gewollt, aber jetzt war es in Ordnung, anders zusein, nicht mitreden zu können: Es war auch ok, dass Menschen nicht verstanden, was mich antreibt.

Weil sie mich liebten, meine Stille, meine Geschichten, das Wissen darüber, was ich machte, reichte aus. Ich musste auch nicht vorgeben, ihre Welt zu verstehen.

Es war die perfekte Ablenkung vom Wanderleben. Es waren gegensätzliche Welten. Ich dachte nicht an den Trail und ich glaube das war gut. Eine vollständige Erholung. In allen Aspekten.

Ich wachte früh auf und wartete, bis die anderen aufwachten. Es fühlte sich seltsam an, nicht zu wandern: gleichzeitig gut und gar nicht gut. Courtney und Pam verbrachten den Großteil des Tages am Strand, ich machte eine große Einkaufsstour in Flip-Flops für meine weitere Wanderung. Ich hatte noch viel Zeit, bis mein Flug zurück nach Deutschland ging. Ich konnte also die Lücke zwischen Daleville und Harpers Ferry schließen. Ich wollte zurück. Ich war neugierig, wie es sich anfühlen würde. Nach Süden zu gehen. In Virginia zu sein. Wahrscheinlich hinter der NoBo-Blase und vor der SoBo-Blase. Ich hatte keine Erwartungen, es war pure Neugierde.

Am nächsten Tag, verbrachten wir noch einen Yoga-Morgen miteinander. Mit den beiden spürte ich die Sonne von Costa Rica, ich roch die Feuchte des Regenwalds und das Salz des Ozeans, ich hörte die Brüllaffen und schmeckte die Süße der Papayas auf meiner Zunge. Dann ließ mich Courtney auf ihrem Heimweg am Bahnhof raus. Ich fuhr den kurzen Weg nach Washington D. C. und von dort wieder nach Harper's Ferry.

Bei Pam gab es neue Schuhe. Die alten habe ich auf ihrer Veranda stehen lassen und da stehen sie heute immer noch. „They remind me of you every day".

Notizen aus dem Zug

1: Es ist super nichts zu tun. Ich saß im Zug und tat … nichts. Es fühlte sich weder dumm noch langweilig an. Normalerweise spüre ich den Drang, „die Zeit effektiv zu nutzen", die ich sowieso auf einen Sitz geschnallt bin. Lesen, lernen, schreiben oder irgendetwas Zweckmäßiges. Zukünftig muss nicht jede Minute des Tages mit Input gefüllt werden.

2: Es ist in Ordnung, nichts von irgendwelchen Events erzählen zu können. Wenn ich in einer Stadt bin ist, fühle ich mich unter Druck, da sie so viele Möglichkeiten bietet, die man wahrnehmen kann. Und manchmal fühle ich mich gezwungen, etwas von den tausend Optionen machen zu müssen, damit ich etwas zu erzählen habe, wenn die Leute fragen, was ich heute gemacht habe. Ich habe Angst, das ich den Langweiler-Stempel bekomme, wenn ich zum dritten Mal hintereinander erzähle, dass ich „in der Gegend herumspaziert bin". Aber eigentlich mag ich es, ein Langweiler zu sein und dann hier und da etwas wirklich Aufregendes zu machen. Ich will mich nicht mehr schlecht fühlen, wenn ich nach Meinung der anderen nichts Besonderes gemacht habe. Denn einerseits habe ich vielleicht ganz viel subjektiv Aufregendes gemacht, war kreativ und zufrieden und empfänglich für die Bedürfnisse anderer und mir selbst, und andererseits ist es für die Leute, die mir etwas bedeuten, unwichtig, was ich mache. Entscheidend ist, was sie mit mir fühlen.

3: In den letzten Wochen wurde mein Gedankenraum immer weniger frequentiert. Er war noch nie der unübersichtlichste, besonders im Vergleich zu anderen. Courtneys und Pams Räume sind, glaube ich, Berlin. Meiner war eher Bonn, aber jetzt ist er Hetzerath.

4: Es müssen mehr Nussmus-Bananen-Zimt-Brote gegessen werden. Warum? Weil sie einfach nur überragend schmecken.

Zehn Kilometer vor Harpers Ferry krachte unser Zug in einen Laster. Nur Blech, niemand wurde verletzt. Ich weiß nicht mal, ob der Zug überhaupt groß beschädigt wurde, aber die Ladung des Trucks lag überall verteilt. Glücklicherweise durften wir aus dem Zug heraus. Ich wollte gerade die zehn Kilometer nach Harpers laufen, als mir ein freundlicher Herr eine Mitfahrgelegenheit anbot. Harpers Ferry war an diesem Abend lebendig und voller Touristen. Ganz anders als an dem Abend im Juni, als es sich eher wie eine Geisterstadt angefühlt hatte. Vielleicht lag es am Wetter oder an der Ferienzeit und am aller wahrscheinlichsten an beidem. Ich brauchte nicht lange, um wieder voll im Wanderrhythmus zu sein. Ich war gespannt auf ein paar weitere Wochen auf dem Trail. Kurz bevor es dunkel wurde, fand ich einen guten Platz zwischen den Bäumen. Es war schwül und immer noch ziemlich warm. Für einige Zeit lag ich nackt auf meinem Schlafsack und versuchte abzukühlen, während Vögel, Zikaden und alle möglichen Tierchen ein ganzes Orchester aufführten. Lebendig und faszinierend.

Brombeeren auf dem Speiseplan.

Der Wald war ganz anders als im Norden. Als ich nach Norden gelaufen war, war die Veränderung stetig und in ihrer Heftigkeit unbemerkt gekommen. Jetzt, da ich vom nördlichen Ende wieder in die südliche Hälfte kam, war sie ganz deutlich zu bemerken. Kaum noch Nadelbäume. Laubbäume wie Pappeln, Sassafras, Platanen, Hickory, Buche und schwarze Walnuss dominierten wieder das Bild. An einigen Stellen wuchs viel Unterholz, an anderen Stellen war es zwischen den Bäumen sehr offen. Hier und da schmuggelte sich eine Kiefer dazwischen. Die Früchte der Walnuss waren groß wie Tennisbälle, die Blätter des Sassafras sahen aus wie die Fußabdrücke von Dinosauriern, die Nüsse des Hickory bekam ich kaum geknackt. Später erfuhr ich, dass ich sie essen kann. Fürs nächste Mal weiß ich also, dass sich der Aufwand lohnt und ich sie in meinen Speiseplan aufnehmen kann. Was aber jetzt reif und in meinem Speiseplan war, waren Brombeeren. Fast schon zu spät lernte ich von anderen essbaren Beeren wie der schwarzen Himbeere, die etwas herber als die rote Himbeere schmeckt, der Prachthimbeere, eine glänzende Himbeere mit Härchen, und der Weinbeere, die aus einem rotbärtigen Kelchblatt herauswächst.

Den Wanderteil genoss ich heute am meisten, also tat ich für den Großteil des Tages genau das. In der Sonne sitzen wurde zu warm und im Schatten sitzen zu mückig. Nicht dass die Mücken mich beim Wandern in Ruhe ließen, aber die meisten dieser Flugobjekte bissen nicht, sondern ertranken einfach nur in meinem Schweiß. Natürlich machte ich eine Mittagspause und eine Snackpause (an einem etwas dubiosen Hostel/Besucherhäuschen/Campingplatz-Gebäude, aber es gab dort einen Wasserhahn, also keine Beschwerden). Später hörte ich Donner in der Ferne, der mich aber nie erreichte. Erst als ich all meine Routinearbeiten erledigt hatte und bereit war in mein Zelt zu schlüpfen, öffneten sich die Wolken über mir. Ich zeltete neben dem Rod Hollow Shelter, die Hütte direkt nach der sogenannten Achterbahn. Iceman hatte mich darum gebeten, ihm hier einen Gefallen zu tun. Er hatte sich ins Gästebuch eingetragen und einige Tage später kam es ihm plötzlich, dass er Regenschirm falsch geschrieben hatte. Unbrella statt Umbrella. Es verfolgte ihn seitdem. Tatsächlich fand ich seinen Eintrag und machte aus dem N ein M. Er wird es nie erfahren, aber ich hoffe, er vertraute mir und kann jetzt wieder ruhig schlafen. So wie Iceman mich schon vorgewarnt hatte, war die Achterbahn ein weiterer überbewerteter Abschnitt des AT. Ja, es ging auf und ab, aber mit Serpentinen und ohne Kraxelei. Wenn ich das Schild nicht gesehen hätte, hätte ich wohl nicht bemerkt, dass ich auf *der* Achterbahn unterwegs war. Ich glaube, die meisten Wanderer werden von überraschenden No-Name-Bergen oder Gebieten umgehauen (metaphorisch natürlich nur), nicht von den legendären Marken des Trails.

In der Nacht regnete es heftig. Es kam mir vor, als ob der Sturm sich im Kreis bewegte. Am Morgen tat ich mich schwer in einen Rhythmus zu finden. Vielleicht lag es an der Nässe. Der Trail schlängelte sich durch dicht bewachsenes Unterholz. Ich tauchte permanent durch nasse Blätter und Gräser, versuchte nicht auf den nassen Steinen oder dem schlickrigen Boden auszurutschen. Die Luft war warmer zäher Rübensirup und meine immer noch leicht geschwollene Nase machte mir das Atmen zusätzlich schwer. Schweiß tropfte von meiner Stirn. Gegen Mittag machte ich eine Pause auf einer sonnigen Picknickbank. Ich trocknete mein Zelt und vertrieb mir die Zeit mit dem Gästebuch. Ich versuchte die Leute zu finden, die ich auf dem Nordteil getroffen hatte. Kurz nachdem ich weitergegangen war, fing es an zu regnen. Aus dem Nichts ließen die Wolken alles fallen. Innerhalb von Minuten war ich triefend nass. Auf grelle Blitze folgte sofort grollender Donner. Gewitter ist ziemlich einschüchternd, wenn man direkt unter ihm steht. Dennoch blieb die Temperatur mild, ich machte mir keine Sorgen darum auszukühlen. Ich erreichte das noble Jim and Molly Denton Shelter. Es hatte eine große Veranda, bequem aussehende Stühle und viel Wiese. Der perfekte Ort für ein Sonnenbad, außer dass keine Sonne da war, und wenn ich mir den Himmel so anschaute, auch in der nächsten Zeit nicht da sein würde. Ich machte heute früh Schluss mit dem Wandern und ruhte mehr.

Virginia war ein extremer Wandel. Ich musste mich umstellen vom Wandern in den verlassensten Regionen des Trails zu den am wenigsten verlassenen Regionen. Bislang hatten sich die Kilometer seit Harpers Ferry wie ein grüner Verbindungstunnel angefühlt. Hundert Meter breit, aber so dicht bewachsen, dass ich nicht merken konnte, dass sich hinter der grünen Wand direkt die Straße oder ein Hinterhof befand. Es fühlte sich künstlich an. Irgendwo hatte ich die ganze Zeit den Lärm einer Straße in den Ohren.

Shenandoah National Park

Am nächsten Tag kam ich in den Shenandoah National Park. Endlich fühlte es sich an, als wäre ich wieder angekommen in etwas Spannendem, etwas Echtem, etwas Großem. Aber auch etwas sehr Populärem. Die Wege waren gepflegt und wenn jemand behauptete Virginia wäre flach, dann bezog sich dies wahrscheinlich auf die Wege durch die Shenandoahs. Es gab weder Steine noch Wurzeln, über die ich stolpern konnte. Ich traf ein Mädchen namens Tader Tod, wir aßen zu Mittag zusammen und mochten die Gesellschaft des anderen. Deshalb liefen wir danach einfach gemeinsam weiter. Wir liefen durch Sonne und Regen und stoppten dann im Birds Nest Shelter #4, was scheinbar kein offizielles AT Shelter war, aber perfekt für unsere Zwecke. Wir stellten unsere Zelte beide in das alte dreiseitige Steingebäude, um sie nicht in das ziemlich hohe, ziemlich nasse Gras stellen zu müssen. Es war wie eine Kinderübernachtungsparty. Wir tuschelten noch, als es draußen schon stockduster war.

Mein Opa war der genügsamste und ruhigste Mensch in meinem Leben. Er wurde nie laut, außer er musste niesen. Er redete nicht viel, er lachte nicht viel, aber wenn er es tat, war es ehrlich. Er saß da und genoss. Seine Familie, sein Essen, einfach den Moment. Das Reden überließ er seiner Frau, aber manchmal aus dem Nichts ließ er einen urkomischen oder einen klugen Kommentar fallen. Er wusste alles. Wenn wir Kreuzworträtsel zusammen machten, löste er die willkürlichsten Fragen. Wenn wir Stadt Land Fluss spielten, hatte er die wildesten Lösungen. Meine Oma würde laut loslachen und sagen: „Nein Rudi, das gibt es jetzt aber wirklich nicht." Und er würde langsam aufstehen, zum Bücherregal gehen, den Atlas herausziehen und uns den Beweis liefern. Er lag immer richtig. Ich lernte seine Fluss-Lösungen von A bis Z auswendig, damit ich eine Chance hatte zu gewinnen. Wenn er in den Nachrichten oder in der Zeitung über ein Wort oder einen Ort stolperte, von dem er noch nie gehört hatte, schlug er es sofort in seiner Enzyklopädie, dem Atlas oder dem Duden nach. Für einige Zeit nahm er Englischunterricht und am Telefon antwortete er stolz mit „What can I do for you?". Ich glaube, er hätte meiner Reise mit großem Interesse und Akribie gefolgt, hätte meiner Oma auf der Karte gezeigt, wo ich gerade bin. Oma war blind vor Sorge und hätte mir am liebsten Geld fürs Hotel gegeben. Aber da wo ich war gab es die nicht. Wo mein Opa war würde nie etwas verloren gehen oder chaotisch sein. Alles hatte seinen Platz. In seinem Werkraum gab es für alles ein Gerät und für alle Geräte einen beschrifteten Platz. Alle Materialien waren mit kleinen weißen Stickern gekennzeichnet. Er war ein praktischer Mann, er hatte immer etwas zu tun. Aber nie war da eine Dringlichkeit in seinem Tun. Im Gegensatz zu seiner Frau, die alles immer mit Nachdruck tat und fünf Dinge gleichzeitig im Kopf hatte, die getan werden mussten, schien mein Opa für eine Sache immer alle Zeit der Welt zu haben. Ich machte gerne bei seinen Sachen mit, ich konnte neugierig sein und auch mal etwas vermasseln. Er nahm sich die Zeit zu erklären, zu zeigen, es mich nochmal versuchen zu lassen und beschwerte sich nie, wenn wir wieder von vorn starten mussten. Er war gerne aktiv. Nicht im sportlichen Sinn, einfach mit dem Sinn sich zu bewegen. Gärtnern, schwimmen, Rad fahren, spazieren gehen. Opa pflanzte Kartoffeln und Bohnen, ich grub nach Regenwürmern und pflückte Johannisbeeren. Nur die Blumenbeete würde er unter den Augen meiner Oma nicht anrühren. Niemand außer ihr durfte definieren, was ungewolltes Unkraut und was gewollte Blumensprösslinge waren. Auf unseren gemeinsamen Spaziergängen trafen wir immer jemanden, der ihn kannte. Für mich war es, als ob jeder meinen Opa kannte und er kannte jeden. Und all diese Leute mochten ihn. Ich war stolz, dass dieser berühmte, freundliche Herr mein Opa war. Manchmal gingen wir zum Spielplatz und spielten Mühle. Es gab dort einen Tisch, auf dem das Spielfeld aufgemalt war und Opa hatte schwarze und weiße Holztaler gebastelt, mit denen wir spielten. Er ließ mich nie gewinnen, aber früher oder später schaute ich mir seine Tricks und Taktiken ab und konnte ihn gelegentlich schlagen. Im Haus spielte ich mit Oma Halma und ich brauchte noch länger, um das erste mal gegen sie zu gewinnen. Opa und ich gingen auch zusammen ins Schwimmbad. Er hatte den rundesten kleinen harten Bauch, den ich je gesehen habe. Ich war fasziniert von diesem Bauch, ich wollte ihn immer mal anfassen. Es machte mich so traurig, ihn verschwinden zu sehen, als seine Krankheit ihn überfiel. In vielen Facetten verschwand mein Opa mit ihm. Er mochte Routinen. Jeden Abend schaute er die Nachrichten, oft trank er dabei ein Bier. Immer ordentlich aus dem Glas. Er hielt nach dem Mittagessen ein Nickerchen in seinem Sessel und schnarchte, die zweite Sache die er laut machte. Für Familientreffen backte er immer den gleichen Kuchen: Otilienkuchen. Da ich das Wort nicht kannte, verstand ich Utensilienkuchen, was später zum offizielle Namen wurde. Ich erinnere mich an seine exakten Zutatenmengen, die kurzen Bleistift-Kommentare in den Rezepten. Die gleiche Genauigkeit und Kommentarart finde ich auch in den Rezeptbüchern meiner Mama. Auch wenn ich heute ständig irgendwelche Zutatenexperimente mache, mein Opa und vor allem meine Mama legten den wichtigsten Grundstein für meine Liebe zum Backen … und dem Abschlecken der Rührbesen.

Bester Teil des Backens – Teig abschlecken

Ich wünschte in seinen letzten Jahren hätte Opa mehr von der Dickköpfigkeit meiner Oma gehabt. Er akzeptierte viel zu schnell, dass bestimmte Dinge nicht mehr gingen. Seine Krankheit machte ihn noch langsamer, aber weniger präzise. Nahm ihm all die geliebten Aktivitäten und er akzeptierte es. Im Gegensatz zu seiner Frau, die bis heute nicht zulässt, dass die Krankheit ihr vorschreibt, was sie tun und was sie nicht tun kann. Sie hat gerne die Kontrolle. Bestimmte Dinge müssen auf eine bestimmte Weise getan werden. Allerdings erinnere ich mich nicht, dass sie dominant gegenüber meinem Opas war. Sie wussten beide um ihr Stärken und Expertisen. Also erledigten sie jeweils ihren Teil. Sie waren ein gutes Team. Gegensätzlich in so vielem, aber vereint in ihrem Glauben und der Liebe zueinander.

Meine Oma wusste alles, was mein Opa nicht wusste. Sie war die Köchin im Haus. Sie kochte mir Grießbrei und Hafergrütze und malte darauf Gesichter aus Fruchtgläschen. Zu Mittag gab es Klöße mit Rotkohl oder Kartoffeln (aus Opas Garten) mit Brokkoli (das Lieblingsgemüse meines Opas). Dazu gab es irgendein Fleisch, aber aus dem machte ich mir schon als Kind nichts (Oma brauchte lange, um das zu verstehen). Ihre Spezialität war jedoch die Fleischsuppe (ich brauchte lange um zu verstehen, warum sie so hieß, obwohl man gar kein Fleisch sah). Ich aß mindestens drei Portionen Suppe. Ich glaube nicht, dass ich diese Art Suppe je woanders gegessen habe oder essen werde, aber die meiner Oma war köstlich. Zum Nachtisch machten wir manchmal grüne Götterspeise. Keine Ahnung, wie sie zu ihrem Namen kam, denn mit dieser giftgrünen zuckrigen Schwabbelmasse kann man glaube ich keinem Gott huldigen, oder ich habe eine sehr falsche Vorstellung von Zeus und Co.! Ich glaube, ich mochte die Zubereitung, die Magie des Festwerdens und das Servieren des wabbeligen Zeugs mehr als das Essen. Mein Opa toppte seine mit Vanillesauce. Er liebte auch Vanillepudding. Ich nicht, aber ich bereitete ihn gerne mit ihm zu. Sobald wir alle am Tisch saßen, gab es immer irgendetwas, was fehlte. Mein Opa würde seiner Frau im Dialekt anordnen „Bliev sitze!“, was mich laut loslachen, ihn langsam für sie aufstehen und Oma mit einem kleinen Lächeln ungeduldig die Augen verdrehen ließ. Meine Oma habe ich immer als stark beschrieben. Selbst ihre Krücken und später der Rollstuhl änderten nichts an dieser Sicht. Ich höre sie heute noch sagen: „Und wenn dir einer watt will, dann kommt deine Oma mim Krückstock!“ und es klang ernsthaft wie eine Drohung. Ich glaube, es ist ihre mentale Stärke, die ihre physische Schwäche unsichtbar macht oder besser unvorstellbar. Sie kannte jedes Gebet und jedes Lied in der Kirche auswendig. Sie saß abends an meinem Bett und sang und betete, bis ich eingeschlafen war. Wenn wir mit Opas altem dunkelgrünem Opel eine längere Fahrt machten, erzählte Oma mir jedes Märchen. Und sie machte sie noch gruseliger, spannender und lustiger als das Original.

Opa und ich

Oma und ich

Blumengießen bei Oma

Ich verbrachte viel Zeit bei meinen Großeltern, als ich klein war. Opa nahm mich mit nach Köln und zu vielen anderen Orten (oft wahrscheinlich gar nicht so weit entfernt, aber als Kind fühlt sich alles unfassbar groß und weit weg an). Sie nahmen mich mit in den Urlaub nach Borkum, wo ich das Fahrrad fahren lernte, in meine eigene Sandgrube fiel und beim Brötchenholen beim Bäcker hinter der Theke nicht gesehen wurde. Wir fuhren in einen Freizeitpark und die lebhafteste Erinnerung daran ist das „Schneckenbahn"-Desaster, das mich jedes Mal zum Lachen bringt. Aber von außen hatte es wirklich so ausgesehen, als würden die Schnecken von allein fahren. Als wir nach dem angeschobenen Start langsamer wurden, bemerkten wir die Pedalen. Omas Beine waren damals schon ziemlich störrig und meine zu kurz. Also kniete ich mich in den Fußraum und trampelte mit den Händen. Aus der Schnecke hinter uns machte sich ein Team Halbstarker über uns lustig, aber spielte zum Glück auch Knubb-Schnecke, wodurch wir stoßweise schneller voran kamen. Als wir ausstiegen, konnten wir uns vor Erschöpfung und vor Lachen kaum auf den Beinen halten. Ich hoffe, ich habe etwas von dem stillen Genuss meines Opas und der Nie-Aufgeben-Attitüde meiner Oma in mir. Danke euch für all die Liebe, die ihr in mich gepumpt habt.

Dein Ehrentag, Opa, war prächtig. Den ganzen Tag strahlte der Himmel azurblau. Keine Wolke zwischen dir und mir. Allerdings fühlte ich irgendwo eine Ruhelosigkeit in mir. Ich war mir nicht sicher, woher es kam. Vielleicht weil ich so kurz vor dem Ende war? Vielleicht war ich zu nah am normalen Leben.

Zu viele Familien, zu viele Picknickplätze, zu viele Autos, zu viele Tageswanderer störten mich und zogen mich im gleichen Maße an. Vielleicht gab es nicht genug Stille und friedvolle Berggipfel und einsame Seen und heulende Seetaucher. Oder vielleicht fühlte ich mich allein. Am späten Nachmittag erreichte ich Big Meadow. Eine riesengroße Wiese, die voll mit Picknickbänken und Menschen war. Ich war nicht neidisch auf all die übergewichtigen Leute, die in ihren Campingstühlen saßen, zu viele Grillwürstchen aßen, inhaltslose Gespräche führten. Oder war ich es? Ich glaube nicht, dass ich mein Leben mit ihrem tauschen wollte. Vielleicht wollte ich, dass sie verstehen, welchen Luxus sie lebten. Vielleicht wollte ich, dass sie sehen, wie traurig ihre Körper waren. Viele dieser Menschen waren nicht mal in der Lage drei Kilometer zu gehen, für manche waren die Treppen im eigenen Haus schon eine Qual. Vielleicht wurde es irgendwann normal. Vielleicht war es niemandem bewusst. Dass es so nicht gedacht war. Dass unsere Körper trauern. Depressiv werden. Mit Bewegung florieren unsere Körper, unsere Gedanken beruhigen sich, Probleme werden auf einmal zu Lösungen, Sorgen verschwinden, Freude tritt ein, Ideen erwachsen. Vielleicht wirken diese Menschen glücklich, aber tief drinnen fühlen sie Trauer. Aber wahrscheinlich trägt jeder von uns irgendwo eine andere Traurigkeit in sich.

Während ich meine Flasche auffüllte und so unentschlossen das Treiben beobachtete, kam ein Herr interessiert auf mich zu und erzählte ein bisschen von der Menschengruppe. Es waren herzliche Menschen. Es machte sie sehr glücklich, dass sie meinen Magen füllen und mir von ihrer Kirchengemeinde von Wolftown erzählen konnten. Sie kamen hier einmal im Jahr zusammen, etwa 200 Leute, jeder brachte etwas mit und sie feierten ihre Verbundenheit. Zu ihrer Gemeinschaft, vielleicht zu einer höheren Macht. Aber unverbunden zur Natur, zu ihren Körpern, zu unserer Herkunft.

Sie hatten am Ende immer noch so viel Essen übrig. Ich wünschte, ich hätte mehr hineinbekommen. Sie gaben mir schon eine Tüte mit Snacks mit. Ich musste an meine Oma denken, die nie etwas verschwendete. In ihrem Haus landete kein Essen im Müll und alles wurde bis zum bitteren Ende genutzt. Das hat sie auch mir so beigebracht. Das einzige, womit ich nie einverstanden war, ist, dass meine Oma auch Zeit nie verschwendete. Ich glaube aber, das wir bessere Menschen sind, wenn wir Zeit an unserer Seite haben. Zeit zum Atmen, zum Entdecken, zum Reflektieren, zum Kreativ sein, zum Dösen, zum Sonnenbaden, zum Genauer hinschauen, zum Zuhören, zum Wandern bis spät in den Abend hinein …

Virginia war am Tag sehr heiß, aber die Abende waren angenehm. Die Temperatur mild. Die Farben besonders. Es wurde dunkel, aber es fühlte sich immer noch gut an zu wandern. Im Einklang mit dem dunklen Wald kam mir das Lied „Wolf" in den Kopf. Ich sang es laut, vielleicht, um die Wölfe von mir fern zu halten und war überrascht, dass ich den ganzen Text kannte. Bevor ich einschlief, sah ich die Schatten der Blätter auf meinem mondbeschienen Zelt, die sich im Wind wiegten.

Holy light over the night
Oh, keep the spirit strong
Watch it grow,
Child of war
Oh, keep holding on
When I run to the deep, dark forest long
After this begun
Where the sun would set
The trees were dead
And the rivers were none
And I hope for a trace
To lead me back home from this place
But there was no sound there was only me and my disgrace.

(First Aid Kid – Wolf)

Am Morgen fühlte ich mich gut. Vielleicht hatte mich der kleine Sprung zurück in die Gesellschaft daran erinnert, wie sehr ich diesen Lebensstil eigentlich liebte und was ich für ein phänomenales Glück hatte, ihn so leben zu können.

Ich aß unzählige Brombeeren. Immer wenn ich kurz davor war eine von sehr weit unten zu pflücken, hörte ich eine Stimme in meinem Kopf. Ich konnte nicht sagen, ob es die meiner Oma oder irgendeiner besorgten Mutter war, die mich davor warnte, die Beeren zu nah am Boden zu pflücken. Und so wie schon als Kind, lächelte ich die dicke, saftige Beere zwischen meinen Fingern an, pflückte sie und steckte sie mir trotzdem in den Mund.

Ich hatte Glück, dass ich gerade in der Nähe eines Shelters war, als das typische Nachmittagsgewitter hereinbrach. Ich wartete, bis die dunkelsten Wolken vorbeigezogen waren und der Donner nur noch in der Ferne zu hören war, dann ging ich weiter. Ich lief an einem schnuckeligen Plätzchen direkt an einem versteckten Ausguck vorbei und war so vertieft in mein Wandern, dass die Information erst ein paar hundert Meter später mein Gehirn erreichte: Schaust du nicht nach einem Zeltplatz? Natürlich! Ich lief also zurück, stellte mein Zelt in die kleine Aussparung zwischen den Bäumen und kletterte dann auf den Felsvorsprung, von dem aus ich die prächtigen Farben der untergehenden Sonne sehen konnte. Eine liebevolle Brise streichelte über meine Haut.

Auf dem Wegstück, kurz nach dem Gewitter, hatte ich zwei Bären gesehen. Als sie mich bemerkten, sprangen sie sofort zurück in den Schutz der Büsche. Am Morgen hatte ich eine aufgebrachte Truthahn-Familie gegrüßt. Ich sah sogar eine Klapperschlange, aber die war zum Glück nicht aufgebracht. Ich sah den ganzen Tag Rehwild. Sie hatten kaum Scheu. Am liebsten sah ich die Greifvögel durch die Lüfte gleiten. Geräuschlos und bewegungslos und dennoch voller Stärke. Voller Eleganz.

I can't dance, I can't talk,
Only thing about me is the way I walk

(Genesis – I can't dance)

Ich wurde den Flugobjekten, den Spinnweben in meinem Gesicht und dem Geräusch der Autos auf dem Skyland Drive zu meiner Linken oder Rechten irgendwie müde. Ich machte eine frühe Mittagspause an einer weiteren Picknickstelle. Aber an diesem Montagmorgen war hier niemand. Danach entschied ich, dass es Zeit für Musik war. Ich hatte zuvor versucht zu singen, aber in Ermangelung zu vieler Texte war das nicht zufriedenstellend gewesen. Ich steckte mir meine Kopfhörer in und meine Deutsch-Playlist auf die Ohren und startete den zweiten Teil meines Tages. Es ließ mich Zeit und Kilometer vergessen, die Mücken (meistens), den unendlich wiederkehrenden Kreislauf von Auf-ab-Straßenkreuzung-auf-ab-Straßenkreuzung und den sogar von den Brombeeren verlassenen Pfad. Zwischendurch krakelte ich eine Zeile heraus, mal summte ich mit, mal hörte ich schweigend zu. Es gab Lieder, die ich zweimal hörte und manche, die ich übersprang. Es machte Spaß, denn es war anders als sonst. Ich sollte mir Wolle P. herunterladen, denn ich stimme dem kongenialen Duo von Lumpenpack zu: Lieber schlechter Schlager als beschissene Politik. Wolles Lieder kann man leicht mitsingen (ich weiß, dass ist nicht unbedingt ein Pro-Argument, aber auf dem Trail schon). Als ich klein war, spielten meine Eltern das Album auf langen Autofahrten. Eins meiner Kuscheltiere, sein Name war Hotte von Hü, verlangte immer danach, weil er singen üben musste. Ich glaube „er" verstand viele Textstellen falsch und „sein" Gesang war fürchterlich, aber mir konnte man nichts vorwerfen, den Hotte machte ja den ganzen Quatsch. Kuscheltiere zum Leben zu erwecken war eine Superpower meiner Familie. Die Tiere können tun und lassen, was sie wollen, denn für sie gibt es keine sozialen Grenzen oder Moral. Man vergibt ihnen vieles und auf der anderen Seite stellen sie Regeln und Normen in Frage. Mein Papa erfand so viele Geschichten, die natürlich eigentlich im Kopf meines Teddybären entstanden. Er hatte die ganze Welt bereist, alle möglichen Abenteuer erlebt, alle möglichen und unmöglichen Heldentaten vollbracht, der kleine Angeber. Einmal hatte ich ihn irgendwo vergessen und war so traurig. Ein

Mit Heidi an der Rock Fish Gap.

paar Tage später erreichte mich eine Postkarte von meinem Bär, in der er mir erzählte, wie er versuchte den Weg zurück zu finden und was für wilde Dinge ihm dabei passierten. Ich liebte es. Ich wusste natürlich, dass es nicht echt war, aber ich wollte nicht aufhören, den kreativen Ideen meines Papas zuzuhören, mir all die Abenteuer vorzustellen. Es war so spannend und so lustig.

Irgendwann fand ich endlich eine gut fließende Wasserquelle in der Nähe des Calf Mountain Shelter. Hui, war ich durstig. Eine Frau mit einer Horde Kids war bereits da und sie erwiesen sich als so gute Gesellschaft, dass ich irgendwann einfach dort mein Zelt aufschlug, mich wusch und das Weiterwandern auf den nächsten Tag verschob. Ich hatte mir den ganzen Tag nette Gesellschaft gewünscht und hier war sie. Heidi, die Mama von der Hälfte der Kids, mit denen sie unterwegs war, erzählte mir, dass sie den ganzen Tag für eine Erwachsenen-Unterhaltung gebetet hatte, nachdem sie seit einer knappen Woche nur mit den Kindern unterwegs war. Der Trail hatte unseren Gebete beantwortet und uns zusammengeführt.

Am nächsten Morgen holte ich Heidi und die Kids zwei Kilometer vor Rockfish Gap, dem Ende der Shenandoahs, ein. Wir waren etwas früh und warteten, alle barfuß, bis Heidis Mann Jonathan mit den anderen Geschwistern kam, um sie abzuholen. Sie waren so lieb, nahmen mich mit und ließen mich im nächsten Ort aussteigen. Als wir auf Wiedersehen sagten, war ich mir irgendwie sicher, dass es wirklich kein finaler Abschied war.

Diesmal kriegte ich das Zivilisationsding ganz ordentlich hin. Ich ging zu einem Hostel, stellte dort meine Sachen ab, begann meinen Akku aufzuladen und ging dann (ohne meinen Rucksack!) in den Supermarkt. Auch mit meinen Einkäufen war ich zufrieden. Ich kaufte Trauben, an denen ich schon im Laden naschte (oops), Haferflocken, alles für Sandwiches, weil ich eh kein ganzes Toast mitnehmen konnte, Haferkekse, einen salzigen Snackmix, Bananen, Erdnussmus und Hafermilch. Das typische Nachmittagsgewitter war heute besonders intensiv, aber ich saß im Trockenen und wartete im Hostel, bis es vorbei war. Dann brachte mich einer der freiwilligen Mitarbeiter zurück zu Rockfish Gap, da er sowieso jemanden abholen musste. Ich wanderte einfache acht Kilometer bis zu einem leeren Shelter und machte es mir gemütlich. Ich rang kurz mit dem Bärenpfahl (Bear Pole), ein metallener, hoher Mast an den man mithilfe einer Stange oben seinen Essensbeutel hängen kann. Am Ende gab ich auf. Ein Riese musste diesen hier erbaut haben. Wer sonst würde mit der Stange überhaupt bis oben reichen.

When I am among the trees
Especially the willows and the honey locust.
Equally the beech, the oaks and the pines,
they give off such hints of gladness.
I would almost say that they save me, and daily.

I am so distant from the hope of myself,
In which I have goodness, and discernment
And never hurry through the world.
But walk slowly and bow often.

Around me the tree stir in their leaves
and call out, "stay a while"
The light flows from the branches.

And they called again. "It's simple," they say.
"And you too have come into this world to do this, to go easy,
To be filled with light, and to shine."

(Mary Oliver – When I am Among the Trees)

Ich ließ mir am Morgen Zeit. Ich saß an dem überdachten Holztisch und frühstückte. Es hatte die ganze Nacht heftig geregnet. Ich hatte einige Äste fallen hören und war deswegen dankbar im Shelter statt in meinem Zelt unter einem dieser Bäume zu liegen. Es dauerte länger, bis es im Mill Creek Valley heller wurde. Die Bäume standen dicht und der Himmel war ziemlich verhangen. Die Temperatur war jedoch perfekt zum Wandern, die Luft nicht mehr so dick. Ich

Was ich (nochmals) herausstellen will

1: Ich wünschte, mein Haferflockenglas wäre eine Version des „verhexten Knödeltopfs". Ein Kinderbuch geschrieben vom Papa des Sams, Paul Maar. Mein Bruder liebte dieses Buch. Fast jeden Abend las ich es vor. Das Buch handelt von einem Pärchen, das Knödel über alles liebt. Sie essen sie den ganzen Tag, zum Frühstück, zum Mittag und zum Abendessen. Eines Tages gewährt ihnen eine Fee einen Wunsch frei und sie wünschen sich das ihr Knödeltopf nie leer ginge. Von dort nimmt die Geschichte einige lustige Abbiegungen, die ich natürlich nicht spoilern werde. Aber ich wünschte mir, dass mein kleines Haferflockenglas so wäre wie der Knödeltopf.

2: Virginia ist nicht flach. Es gibt einige knackige Auf- und Abstiege. Allerdings sind sie alle echt machbar. Manche sind steil, aber bevor es zu krass wird, finde ich mich auf Serpentinen wieder oder muss kurz wegen Brombeeren anhalten. In meinem Fall die geniale Ablenkung. Die Bergtouren können auch lang werden, aber ich bekomme immer einen Kammweg oder einen Weg am Bach entlang zwischen dem Auf und Ab.

3: Virginia hat auch Steine. Allerdings kommt immer ein steinfreies Stück, bevor sie mir auf die Nerven gehen. Und sie sind nicht klettergroß. Außerdem werfen die Wanderer Virginia schon die Länge vor und Pennsylvania die Steine. Ein Beschwerdegrund pro Staat reicht aus (wir sind ja schließlich nicht in Deutschland).

4: Das Virginia-Jucken entspringt vor allem dem Wandern durch Giftefeu und Brennnesseln, die zu dicht am und zu weit in den Trail wachsen. Die Mosquito-Hochzeit ist vorbei (Zeit ist aber leider schon noch). Als ich 2018 im Juni hier war, war das anders. Da war absolute Primetime.

begann auf einem längeren steten Aufstieg mit Serpentinen, gefolgt von einem steinigen Pfad entlang des Berghangs, der mich irgendwann an einem Aussichtspunkt herausließ. Der grüne Ozean erstreckte sich bis zum Horizont. Dann lief ich selbst zurück in den Ozean, schwamm hoch und runter. Ich schlief am Ufer des Tye River. Es war eine unruhige Nacht. Meine Beine juckten von all den Mückenbekanntschaften, meine Gedanken juckten auch. Es waren noch etwa 160 Kilometer bis Daleville. Ich spürte eine gewisse Nervosität vor meinem letzten Abschnitt. Ich wusste nicht, was ich danach tun wollte und vor allem hatte ich keine Vorstellung, wie es sich anfühlen würde, anzukommen. Der Trail hielt vielleicht noch Überraschungen für mich parat, von denen ich noch nichts wusste. Irgendwann fiel ich mit dem Beschluss in den Schlaf, neugierig zu bleiben und aufmerksam zuzuhören.

Gipfel, Schweiß und Jucken in Virginia.

Die nächsten zwei Tage fühlten sich an, als wären sie Zwillinge. Ich war weder überaus fröhlich noch irgendwie niedergeschlagen, ich war einfach zufrieden. Der Morgen startete mit einem langen serpentinartigen Aufstieg. Oben ging es über offene Wiesen und steinige Bergkammwege. Die Temperatur war angenehm, Sonne und Wolken wechselten sich ab. Es gab kein Nachmittagsgewitter. Am Ende des Tages folgte ich einem Bachlauf hinab bis zu einem Shelter. Brown Mountain Creek wurde zu Mats Creek Shelter. Mein Zelt war das gleiche.

Deswegen wird jetzt wild gepinkelt. Gegen das System!

(Lumpenpack – Ford Fiesta)

Ein leichter Niesel weckte mich am Morgen, aber als ich alles eingepackt hatte, war er schon wieder vorbei. Ich preppte mich wieder für einen langen Aufstieg. Und wieder war er ziemlich angenehm. Ich war komplett eingenommen in meine Wanderung. Aus meiner Kopf-Jukebox sang das Lumpenpack ein Medley. Die Meilen flogen vorüber, genau wie alle Steigung. Irgendwo auf dem Kamm machte ich eine längere Pause. Legte mich hin und stellte die Beine gegen einen

Stamm und snackte meinen Trailmix. Bergab fiel ich in einen Hiker-Shuffle – zum Glück. Denn dadurch erreichte ich das Bryant Ridge Shelter schneller als der Regen mich. Und in diesem Shelter schlief ich gerne: Es war leer und es war luxuriös. Es hatte eine überdachte Eckveranda, zwei Ebenen, viel Platz und war super sauber.

Vielleicht feiere ich in Daleville mit einem Zero-Tag. Vielleicht rufe ich ein paar Leute an. Vielleicht spielen wir sogar über Video. Ich hätte Lust auf eine Runde „Karthograph“. Vielleicht werde ich drinnen rumhängen. Vielleicht nehme ich eine lange seifige Dusche. Vielleicht wird mir langweilig. Vielleicht sitze ich einfach nur herum und gucke. Vielleicht werde ich ein paar Nachrichten lesen. Vielleicht gucke ich in einen Spiegel. Wie stand es eigentlich um mein Schokocreme-Gesicht? Vielleicht wasche ich meine Klamotten. Vielleicht – bestimmt – ziehe ich keine Schuhe an. Und nach dem Tag wandere ich vielleicht noch ein bisschen weiter … oder auch nicht.

Wenn du in Widrigkeiten geworfen wirst:
Wer entscheidest du zu sein: Kartoffel, Ei oder Kaffeebohne?
Machst du aus dem heißen Wasser etwas Köstliches
oder erlaubst du dem Wasser dich hart zu machen … oder weich?

(Weisheit, Autor unbekannt)

In der Nacht regnete es immer wieder und hörte auch am Morgen nicht auf. Der Trail stellte mich vor eine einfache Entscheidung: Entweder ich startete meine Wanderung in die ziemlich ungemütliche Nässe oder ich feierte, dass ich in einem großen gemütlichen Shelter (vielleicht dem schönsten auf dem AT?) war und wartete ab.

Ich döste zum gleichmäßigen Trommeln des Regens auf dem Dach wieder ein, dann saß ich in meinen Schlafsack gekuschelt auf dem Boden, betrachtete den fallenden Regen vor mir, lauschte, wie die Tropfen in den Pfützen Musik machten, und füllte die Seiten meines Journals mit Worten, die sich anfühlten, als wären sie schon lange in meinem Kopf gereift. Als der Regen irgendwann nachließ und gegen zehn Uhr aufhörte, machte ich mich langsam wanderbereit. Die Wolken hingen so tief, es fühlte sich an, als würde ich immer noch im Regen laufen, aber ich lächelte. Ich entschied mich für ein bisschen Seelenfutter in Form von den Drei ???. Die Hörspiele lassen mich immer in wohligen Kindheitserinnerungen baden. Seelenfutter kann helfen, wenn es einem schlecht geht, aber genauso kann es gute Laune noch besser machen. Ich freute mich über die Gesellschaft von Justus, Peter und Bob. Niemand sonst war hier draußen. Die tief hängenden Wolken sorgten für die perfekte mysteriöse Atmosphäre, um völlig in ihre Detektiv-Abenteuer einzutauchen. Ich wanderte in meiner eigenen vorgestellten Welt. Unbemerkt kreuzte der Trail die Panoramastraße zu häufig, wo jeder Aussichtspunkt in die gleiche graue Suppe blickte. Ich machte am ersten Shelter eine kurze Mittagspause, am zweiten lief ich vorbei und am dritten aß ich zu Abend. Hier lag überall Müll herum. Ein trauriges Bild. Ich versuchte so viel wie möglich in meinen Müllbeutel zu stopfen, aber nahm es als Zeichen, dass ich hier nicht bleiben sollte. Daher bat ich Justus, Peter und Bob um ein weiteres Abenteuer und los ging es. Ich nahm den erstbesten Zeltplatz, nachdem die drei den Fall gelöst hatten. Es war acht Uhr abends. Es waren noch zwölf Kilometer für einen Morgenspaziergang nach Daleville.

Ich kann mich nicht erinnern, dass meine Eltern mich mit Dingen bestraften (genau wie sie mich auch nicht mit Dingen belohnten). Denn das hätte ja bedeutet, dass ich etwas zu ihrer Zufriedenheit getan hatte, was aber ja nicht der Punkt war. Der Punkt war mich selbst zufrieden zu stellen und meine eigenen Ziele zu erreichen. Ich bin sehr froh über diese frühe Ermutigung intrinsischer Motivation. Beide wurden sie nie laut. Vielleicht Papa manchmal, aber mit Ärger umzugehen ist ein Kinderspiel. Man muss ihn einfach ignorieren, denn es sind die Emotionen der wütenden Person und nicht deine. Anders ist es mit stiller Enttäuschung und schlimmer. Es war nicht Enttäuschung über meine Leistung, sondern über mein Verhalten. Und das ist kein Kinderspiel, denn sie läuft auf Werte hinaus. In unserem Fall vor allem der Wert Vertrauen. Ich hatte ihr Vertrauen verletzt und das kann man nicht ignorieren, denn es ist ist tief und nicht einfach eine aufwallende Emotion. Ich kann mich nicht erinnern, dass ich oft enttäuscht habe, die Erfahrung war zu hässlich. Ich erinnere mich an einen Abend. Ich war draußen spielen und dieses eine Mal hatten sie mich gebeten zu einer bestimmten Zeit zu Hause zu sein. Ich glaube, sie wollten einfach gemeinsam Abend essen. Ich kam deutlich später. Sie schimpften nicht, sie konnten sich keine Sorgen gemacht haben (sie wussten, wo ich ungefähr war und hätten einfach die Straße runter schauen können). Nein, sie schwiegen, die Stille der Enttäuschung, die man kaum aushält. Ich hatte ihr Vertrauen ausgenutzt und das war unentschuldbar. Menschen zu enttäuschen, die ich liebe, wurde zu etwas, was ich unter allen Umständen vermeiden wollte.

I'd rather be a forest than a Street
Yes I would.
If I could
I surely would.
I'd rather feel the Earth beneath my feet.
Yes I would.
If I only could
I surely would.

(Simon and Garfunkel – El Condor Pasa)

Als ich aufwachte, fand ich mich immer noch in einer dichten Wolke wieder. Ich konnte keine fünf Meter weit aus meinem Zelt schauen, Wasser tropfte von den Blättern. Mein Zelt war nass von außen und innen fühlte sich alles klamm an. Ich zog meine verdreckten, nassen Socken an und schlüpfte in meine immer noch durchweichten Schuhe. Aber glücklich war ich trotzdem. Ich glaube, ich meisterte Sharkys Sich-selbst-widerlich-aushalten-Herausforderung!

Wie gesagt, es war nicht Enttäuschung über meine Leistung. Das scherte meine Eltern nicht. Sie wollten, dass ich glücklich war und liebte was ich tat. In der Schule Spaß zu haben war wichtiger als Noten. Meinen Eltern war es nicht wichtig, ob ich überall Dreien oder Einsen hatte, ich war diejenige, die entschied, wo mir die Eins wichtig war und wo mir eine Vier ausreichte. Es war am Ende mein Zeugnis, ich musste selbst wissen, was für mich wichtig war. Und manchmal entschied ich, dass Spaß und ein wenig Rebellion wichtiger waren als besonders gute Noten. Ich sprach auch wenig über meine Noten, aber ich sprach gerne über die Dinge, die wir lernten, die Dinge, die wir taten, die Lehrer, die wir nervten oder die Lehrer, die wir liebten. Ich lernte früh, dass es der Einsatz ist, der zählt. Wenn wir Minigolf spielten, gab es keine Kinderregeln. Wenn ich mich konzentrierte, wenn ich die Kniffe meiner Eltern genau beobachte, würde ich besser werden. Besser, als ich vorher war und irgendwann sogar mal besser als meine Mama und, zumindest manchmal, besser als mein Papa. Weinen und Frustration führte nie irgendwohin (mein Bruder brauchte für die Einsicht etwas länger). Wenn ich Einsatz zeigte, dann folgten die Ergebnisse von selbst. Wenn ich keine Mühe und Begeisterung investierte, konnte ich auch nicht erwarten, dass irgendein tolles Ergebnis dabei heraus käme.

Mit jedem Meter, den ich näher an die Stadt kam, wurde der Trail unattraktiver. Ich wollte ankommen, aber als ich da war, fühlte es sich zu schnell an. So wie es häufig ist, wenn wir auf etwas warten, wie auf den Sommer zum Beispiel. Bevor wir es bemerken, ist es schon wieder zu warm oder zu irgendwas. Wir wollen lieber wieder Frühling, der so voller Vorfreude auf den Sommer ist. Manchmal ist die Antizipation die größte Freude, weil sie meistens mehr Zeit hat, sich zu entfalten. Ich tauchte plötzlich zwischen den Bäumen hervor und stand vor einer Straße. Ich brauchte einen Moment um zu begreifen, dass es *die* Straße war. Das Ende oder besser mein Ende. Da war das Howard Johnson, das etwas schäbige Motel, wo mein AT Abenteuer vor vier Jahren eine Pause eingelegt hatte. Ich stand dort eine gute Weile, neben der viel befahrenen Straße, Autos und Lkw rasten vorbei, der Geruch von Abgasen und billigem Frittierfett füllte die Luft.
Es war laut und hässlich und stank. Ich fühlte keine Emotionen, ich war leer, aber ich wollte bleiben. Zwei Nächte. Die Räume waren noch nicht fertig, daher ließ ich meinen Rucksack in der Lobby und lief zum Supermarkt. Als ich mit meiner vollen Tasche, voller guter Sachen, zurück ging, hielt auf einmal ein großes Auto neben mir. Das Fenster öffnete sich und eine Stimme fragte mich, ob ich mitfahren wollte. Ich drehte mich um und glaubte nicht, was ich sah: Heidi und alle ihre

Überraschung ...

... in Daleville.

Kinder hatten den Weg nach Daleville gemacht, um mich zu empfangen, zu feiern. Sie hielten ein Schild mit meinem Namen und Glückwünschen und gaben mir eine Überraschungs-Essens-Box. Wo vorher nichts gewesen war, war jetzt alles voller Freude und Dankbarkeit. Ich brachte kein Wort heraus. Während wir den kurzen Weg zurück zum Motel fuhren, jubelten sie alle für mich und schnatterten alle gleichzeitig, wie sie gewettet hatten, wann ich ankomme, sie nach mir gesucht hatten, was für eine coole Sache ich gemacht hatte, fragten, wie es gewesen war. Es war tagelang so still um mich herum gewesen oder sogar wochenlang und jetzt war da so viel Geräusch, so viel Leben. Der Lärm der Lkw hatte mir weh getan, die Geschwindigkeit der Autos mich gestresst, aber im Kinder-Surren um mich herum fühlte ich mich so wohl, so zufrieden, ich lachte den ganzen Nachmittag. Wir verbrachten einige Zeit zusammen in der Lobby des Motels, alle aßen Sandwiches und ich trank meine Hafermilch, aß Bananen-Mandelmus-Zimt-Brote aus meiner Überraschungsbox. Heidi wusste worauf ich immer Lust hatte! Dieses Abenteuer war einfach nur ein riesengroßes Geschenk. Ich konnte es hier noch nicht komplett auspacken. Sich zu feiern und mehr zu wollen sind keine Feinde, sondern Freunde. In ein paar Tagen wollte ich wieder wandern, aber bis dahin wollte ich mich gut damit fühlen, nichts zu tun oder all das zu tun, was ich auf dem Trail nicht kann. Um mich daran zu erinnern, dass diese Sachen in Wahrheit gar nicht so schön sind wie die Vorfreude darauf: drinnen sein, lange aufbleiben, sich nicht bewegen, am Handy sein, Essen ohne Limit. Mit Einschränkung der Nussbutter-Bananen-Zimt-Brote, die sind so gut wie in meinen Träumen, wenn nicht sogar besser.

Ich duschte lange, zwei Runden Seife. Dann schaute ich in den Spiegel. Ich schaute mir selber tief in die Augen und ich sah mein Licht ohne Schatten, ohne Vorhänge und Wände.

Die Schokolade war fast komplett weg. Aber meine arme Haut sah aus, als könnte sie etwas Pflege gebrauchen. Ich sollte Pam fragen, wie sie ihre Haut so babyweich und eben bekommt. Vielleicht wäre die erste Maßnahme, nicht mehr durch Büsche und Mosquito-Massendemonstrationen zu marschieren …

Tag 70: Mein Null Tag. Habe mit Marci telefoniert, Karthograph gewonnen, keine Schuhe angehabt und mich gelangweilt. Check.

Im Grunde geht es beim Wandern nicht um Distanz oder Tage oder den Namen des Trails, sondern mit schwierigen, unangenehmen Gefühlen und Situationen umzugehen. Und jeder wird solchen begegnen, egal ob man fünf Tage, fünf Wochen oder fünf Monate unterwegs ist. Es heißt nicht, dass je länger wir unterwegs sind, desto mehr solcher Situationen und Gefühle wir uns stellen müssen. Denn für jeden kann es so unterschiedliche Dinge bedeuten. Manche werden vom Wetter herausgefordert, manche vom Alleinsein, manche von einer Blase, einer gebrochenen Zeltstange oder einem gebrochenen Herzen, von Hunger, Durst, Kälte, Hitze, mache vor allem von ihren eigenen Gedanken. Egal was es war, jeder war mutig, denn jeder musste irgendwie damit umgehen und jeder hat es geschafft, dass es irgendwie weiterging. Und das macht es zu der eigenen Wanderung, nicht der von irgendjemand anderem. Aufhören, sich mit der Welt zu vergleichen! Es wird immer jemanden geben, der schneller, länger, verrückter war, aber alle waren nur genauso mutig wie du, denn sie haben es gemacht, genau wie du.

And I am here now right before you.
I am present in this moment.
And my life's work is to honor the great beauty all around you.
Free from all old stories I've been told.
I walk through the valley of my own shadow.

(Yaima – Gajumaru)

Am Donnerstag kribbelte es in meinen Füßen. Sie verlangten nach Trail. Ich fühlte mich stark. Ich hatte einen Stapel Brote mit und schnabulierte sie, während ich lief. Ich konnte nicht anhalten. Das Wandern an sich war der beste Teil dieses Abschnitts. Es gab wenig atemberaubende Ausblicke, erfrischende Seen oder spektakuläre Flora, aber es gab einen wunderbaren Pfad. Es machte Spaß, sich an bestimmte Stellen zu erinnern. Tinka Cliffs waren genau so unspektakulär ,wie ich sie in Erinnerung hatte. Wieder fragte ich mich „Sind sie das?“, bis ich zum McAffee Knob kam und wusste, ja, diese Steine waren die Tinkas gewesen. Ich fragte jemanden auf dem McAffee, ob er ein Foto von mir machen konnte, weil

McAffee Knob 2022 …

man das so macht. Ich glaube, es ist der beliebteste Fotopunkt auf dem ganzen AT, vielleicht sogar beliebter als Katahdin, was natürlich daran liegen könnte, dass es mehr Wanderer bis hierher schaffen (zugegeben, die Sache braucht einen Fakten-Check). Ich fand mein damaliges Highlight wieder: Lost Spectacles Gap. Ich machte es mir für die Nacht bequem.

Im Gleichschritt mit der aufgehenden Sonne kletterte ich die kleine Schwester von New Hampshires Steintreppen hinauf zu Dragon‘s Tooth. Der Drache hatte den Himmel am Horizont in Flammen versetzt. Ich ging in Serpentinen abwärts und dann aufwärts auf Brush Mountain. Ein Bär kam mir in nördlicher Richtung

… und 2018.

Aussicht bei Dragons Tooth.

entgegen, ich bat ihn freundlich, mich vorbei zu lassen, doch er war schon in die Büsche zu seiner Linken gesprungen, bevor ich Danke sagen konnte. Später am Tag dachte ich, mein Hirn wollte mich veräppeln. Bilder von einer riesigen Eiche und dem Schild des Continental Divide blitzen in meinem Kopf auf. Ich sah wie Salty auf die Seite des Atlantik pinkelte und ich auf die, von der alles Wasser in die Karibik fließt. Das Bild ließ mich laut auflachen und eine halbe Stunde später stand ich vor genau diesem Schild. Und eine weitere halbe Stunde später stand ich vor genau dieser Eiche am Fuß des Bergkamms. Wie hatte mein Hirn diesen Teil überhaupt wiedererkannt? Ich wanderte in entgegengesetzter Richtung. Ich hatte auf keine Karte geschaut oder mein Tagebuch von vor vier Jahren gelesen. Unsere Hirne, krass faszinierend! Seit ich das Schild passiert hatte und den Kamm entlangging, hatte es immer stärker angefangen zu regnen. Es ließ mich jede trockene Traverse am felsigen Hang schätzen, die ich bislang im Trockenen gehen durfte. All jene, bei denen ich nicht in permanenter Angst war, auszurutschen und die nackten Felsen herunterzusegeln.

Atlantik oder Golf von Mexiko? Der östliche continental divide.

Am frühen Abend erreichte ich einige offene Wiesen, der Regen ließ nach und die untergehende Sonne ließ das Farmland in einem Virginia-spektakulären Licht erscheinen. Virginia-spektakulär heißt, dass es ziemlich cool aussieht, aber nicht halb so cool wie im Norden. Aber vergleichen ist immer unfair und macht meistens nur unglücklich. Denn irgendwo ist es immer schöner und spektakulärer und intensiver. Aber da wo ich gerade war, war dieses Licht das außergewöhnlichste, das es gab. Und das zählte.

Es ist klar – der Regen wäscht auf jeden Fall.
Weg was war – und es erscheint mir überall.
Schenkt er auch neues Leben – 'ne neue Chance für jeden
Wenn Sonnenlicht durch Wolken bricht,
wie nach 'nem Sommerregen.

(Die Fantastischen Vier – Sommerregen)

Ich schlief heute länger. Der Marsch wurde etwas öde. Ich war kein Fan von dunklem, engem Lorbeer-Wald mit seinem speziellen Geruch. Der Boden war eher unangenehm. Ich manövrierte über lose oder glitschige Steine gepaart mit allen möglichen Farnen und Buschwerk, das in den Trail hineinwuchs. Weder meine Füße noch meine nackten Beine waren angetan. Ein paar dieser Büsche trugen immerhin Brombeeren, so kamen wenigstens meine Geschmacksknospen noch zu ihren glücklichen Momenten. Entschuldige meine heutige Negativität, lieber AT! Du warst immer noch so gut zu mir. Als ich ein Shelter erreichte und etwas Trockenes zum Sitzen gefunden hatte, stoppte ich, um einige Gedanken aufzuschreiben. Ich hatte heute wenig Spaß, dafür aber umso mehr Wörter in meinem Kopf, die aufs Papier wollten. Als ich fertig war, war es ziemlich duster geworden, ich war mir nicht sicher, ob ich noch weiter gehen sollte. Sonderlich weit war ich heute nicht gekommen. Oder sollte ich einfach hier bleiben? Ich wusste nicht, was ich wollte, also stellte ich die Frage laut und in dem Moment kam doch tatsächlich ein Regenguss vom Himmel. Er dauerte nicht lange, aber lange genug, dass er mich von der Option überzeugte, mir im Shelter einen gemütlichen Schlafplatz einzurichten.

Ein weiterer feuchter, wolkenverhangener Morgen. Mehr nasser, überwucherter Pfad. Mehr unangenehm riechender Lorbeer. Ich hörte auf, enthusiastisch durch Gräser zu schwimmen, durch Büsche und Unterholz zu tauchen, die meine Haut zerkratzten, meine Klamotten durchnässten. Ich erinnerte mich daran, was ich zu Beginn über meine Art zu Wandern gesagt hatte: Ich höre auf, wenn es aufhört Spaß zu machen. Und das würde ich. Ich lief bergab in das Tal von Pearisburg und mir liefen die Tränen. Da waren sie die Emotionen, die mir zeigten, dass es richtig war, genau hier mein Abenteuer zu beenden. Ich erinnerte mich an den Ort. Ich erinnerte mich an ein Hostel mit dem Namen Angels Rest und grünem Rasen. Ich schlug mein Zelt an genau der Stelle auf, an der es auch 2018 gestanden hatte. Ich schrieb Heidi und sie meinte, sie würde mich morgen früh abholen. Sie könnte es gar nicht erwarten, mich in ihr Zuhause einzuladen. Ich konnte nicht schlafen. Nicht, weil ich traurig war oder erleichtert, dass es vorbei war, sondern weil ich so gespannt war auf das, was kommen würde. Es war so richtig gewesen, loszugehen und jetzt war es so richtig, anzukommen. Bitte Leben, sprich weiter mit mir, so wie du es all die Wochen getan hast. Bitte Pia, hör weiter zu, so wie du es all die Wochen getan hast.

Sei gespannt auf einen Anfang
und nicht traurig über ein Ende.

Ich hatte noch nicht verarbeitet, dass es ab dem nächsten Tag anders sein würde: Ich sagte mir: Ich werde wissen, wo ich am Abend einschlafe, ich muss nicht immer mein Haus aufbauen, meine Matratze aufpumpen, von schmutziger Kleidung in etwas weniger schmutzige Kleidung wechseln, ich werde nicht entscheiden müssen, ob pinkeln wirklich nötig ist, weil das Zelt zu verlassen kalt ist. Ich werde am Morgen keine klammen Sachen und Schuhe anziehen. Ich werde nicht den ganzen Tag einen Rucksack tragen. Ich werde nicht wie ein Würstchen schlafen müssen. Allerdings werde ich auch nicht jeden Tag etwas Neues sehen, etwas Unerwartetes erleben, einen Himmel voller Sterne bewundern, in angenehmer Einsamkeit sein, dem Adler folgen, keine äußeren Erwartungen oder Pflichten erfüllen müssen, die Natur riechen, die Natur spüren, die Natur hören, die Zeit verlieren, die ersten Sonnenstrahlen auf meinem Gesicht spüren, keine Entscheidungen treffen müssen außer zwischen Wandern und Nichtwandern, tiefgehende Gespräche mit Fremden haben, Zeit nehmen, Komfort im Unbequemen finden … „Don't get comfortable", würde mein Coach im Rennen sagen. Denn dann schlief ich ein, wurde langsam, wurde unaufmerksam, verpasste Chancen. Und vor allem: Ich hörte auf, alles zu geben, alles zu versuchen, was ich konnte.

Epilog

Eine Woche blieb ich bei Heidi und ihrer Familie. Bei Jonathan, Jerod, Elijah, Ricky, Grace, Addie, Edie, Patchy, Nations. Es war der perfekte Übergang zurück in gesellschaftliches Leben. Wir fuhren zum Campen in den Douthat State Park, um den Geburtstag von Heidis Mutter zu feiern. Wir genossen bestes Wetter, kayakten auf dem See, machten Lagerfeuer. Ich rannte auf allen Trails. Danach blieb ich einfach bei ihnen im Haus und nie fühlte es sich seltsam an. Es fühlte sich einfach nach zu Hause an. Ich war nie überfordert mit der Menge an Menschen. Ich verbrachte gerne Zeit mit den Kindern, redete mit Heidi, nahm an deren Alltag teil (gut, Ferien-Alltag). Wir wanderten die Peaks of Otter an einem sonnigen Tag und ich bekam letztendlich doch noch einen unverwolkten Ausblick über die Blue Ridge Mountains. An meinem letzten Abend beteten wir gemeinsam. Ihr Glaube war so ehrlich, so tief. Zu jeder Zeit fühlte ich mich so geliebt, so sicher, so zufrieden. Ich habe das Gefühl und ich hoffe, dass die Welt oder Gott unsere Wege irgendwann nochmal kreuzen lässt.

Auf meinem Weg zurück nach Deutschland war um mich herum nur Freundlichkeit. Ein Mann namens Ryan teilte in Washington D. C. seinen Campingplatz mit mir, nachdem ich den Platzwart nicht finden konnte: „Das ist ja unsinnig, wenn du einen eigenen Platz bezahlen musst. Auf meinem ist für dein Zelt doch Platz genug“. Eine Mitarbeiterin von United Airlines checkte mein Taschenmesser noch nachträglich und für umsonst ein, nachdem ich vergessen hatte, es aus meinem Handgepäck zu nehmen, obwohl ich ihr vorher schon Aufwand mit meinem Rucksack und meinen Wanderstöcken gemacht hatte. Ein weiterer Mitarbeiter nahm meine Briefe, weil es im Flughafen keinen Briefkasten mehr gab. Der Stewardess gab mir den Luxussitz (oder besser die gesamte Luxusreihe!), nachdem ich angeboten hatte, meinen Platz mit dem Mann meiner Sitznachbarin zu tauschen. Freundlichkeit echot Freundlichkeit. Wie Heidi zum Abschied sagte: Gott passt auf dich auf. Ich glaube nicht an Gott, aber ich glaube ihr.

Glossar

AT: Appalachian Trail. 2190 Meilen (3500 Kilometer) langer Wanderweg im Osten der USA. Erstreckt sich von Springer Mountain in Georgia bis nach Mount Katahdin in Maine.

Bearbox: Metallene Kiste mit einem nur für menschliche Finger bedienbare Öffnungsmechanismus

Bearpole: Metallener, hoher Mast zum sicheren Aufhängen des Essensbeutels
Shelter (auch lean-to): Rudimentäre dreiseitig geschlossene meist Holzkonstruktion im Hinterland

Flip-Flop: einen Teil NoBo und einen andern SoBo wandern

Hikerbox: Findet man oft in Hostels. „Lass da, was du nicht brauchst, nimm mit was du brauchst."

Hiker shuffle: Selbst kreiertes Wort für die Lauftechnik mit schwerem Rucksack

Hiker Tan: Beschreibt die Sonnenbräune, die in wunderschönen Trennlinien von den immer gleichen Shorts, Shirts und, besonders attraktiv, Socken herrührt.
Leapfrog: Wenn man den selben Wanderer mehrfach überholt und von ihm überholt wird

Nero: Ein Tag, an dem man fast gar keine Kilometer wandert (nearly Zero miles)

NoBo: North Bound oder Northbounder. Jemand, der den Weg in Richtung Katahdin läuft.

Privy: Plumpsklo im Wald. Mal mit, mal ohne Tür. Erspart Wanderern, das Loch zu buddeln.

Resupply: Essensnachschub für den nächsten Part besorgen, variiert von drei bis zehn Tage

Section Hiker: Einen Teil / Teile des Trails wandern. Eventuell bis man irgendwann die gesamte Distanz zusammengepuzzelt hat.

SoBo: South Bound oder Southbounder. Jemand, der den Weg in Richtung Springer läuft.

Slack-Packing: Einen Teil nur mit den benötigten Dingen für den Tag wandern

Trail Angel: Eine Person, die Trail Magic verschenkt

Trail name: Dein Name auf dem Trail. Kann selbst oder von jemand anderem gegeben werden.

Trail Magic: Wenn der Trail dir eine schöne Überraschung schenkt. Es kann Essen, eine Mitfahrgelegenheit, eine Unterhaltung, eine Ermunterung, Klopapier, reife Beeren, ein Sonnenstrahl, ein kalter Bach, ein atemberaubender Blick, ein Freund sein.

Trailmix: Ein Mix aus einer Vielfalt von Nüssen, Mandeln, Erdnüssen, Kernen, Trockenfrüchten, Mini-Salzgebäck, geröstetem Mais/Bohnen, Schokolade

Tramily: Deine Familie auf dem Trail

The Trail provides: Spruch unter Wanderern, der aussagt, dass die Dinge, die du brauchst, oft irgendwie auf deinem Weg auftauchen.

Thru-hiker: Jemand, der alle Kilometer eines Trails bewandert hat (offiziell innerhalb eines Jahres)

Work-for-stay: Kleine Hilfsarbeiten erledigen, um einen Schlafplatz umsonst zu erhalten.

Zero: Ein Tag, an dem man gar keine Kilometer wandert

DANKE

Heidi und Familie: für alles. Ich habe keine Worte dafür, was eure Herzlichkeit für mich bedeutete.

Celia und Familie: dass ihr mich gefeiert habt, als ich es mich am wenigsten traute.

Courtney und Pam: dass ihr mir Seiten des Lebens zeigt, von denen ich nicht wusste, dass es sie gibt.

Fred: für meinen ersten sicheren Schlafplatz in Washington nach meiner Landung.

Anton: dein Löffel war wunderbar. Der kleinste auf dem ganzen Trail und der an dem die meiste Liebe hing. Er bekam viel Beachtung.

Mama und Papa: dass ihr mich wild gelassen habt.

Linus: dass du mich schon in der ersten Minute unseres Gesprächs zum Lachen bringst.

Naomi: auch wenn du es nicht weißt, aber du warst meine Inspiration zu Schreiben. Überhaupt anzufangen.

Alice: für die Manövrierung durch die Welt der Verlage.

Und alle die mit mir einen Moment auf dem Weg geteilt haben …

Danke, dass ihr Teil meiner Reise wart.